ideas

ideas

light
luz
lumière
licht

AUTHORS
Fernando de Haro & Omar Fuentes

EDITORIAL DESIGN & PRODUCTION

PROJECT MANAGERS
Valeria Degregorio Vega
Tzacil Cervantes Ortega

COORDINATION
Susana Madrigal Gutiérrez
Adriana García Hernández

COPYWRITER
Roxana Villalobos

ENGLISH TRANSLATION
Louis Loizides

FRENCH TRANSLATION
Cécile Usselmann (Centro Profesional de Traducción e Interpretación / IFAL)

GERMAN TRANSLATION
Heike Ruttkowski

Ideas

light · luz · lumière · licht

AM Editores S.A. de C.V.
Paseo de Tamarindos 400 B, suite 102, Col. Bosques de las Lomas,
C.P. 05120, México, D.F. Tels. 52(55) 5258 0279, Fax. 52(55) 5258 0556.
E-mail: ame@ameditores.com **www.ameditores.com**

ISBN 10: 970-9726-64-1
ISBN 13: 978-970-9726-64-0

Printed in China.

INDEX • INDICE

184 210 236 266

introduction

THERE ARE MANY WAYS to use light for decorative purposes without overlooking the need to save energy, which is an aspect that has become of paramount importance this century. It is also necessary to bear in mind that the lighting scheme for rooms includes looking after the environment and making the most of daylight. This helps protect the planet.

However, for the purposes of this edition it is also necessary to focus on the possibilities and applications of light and on the best way to harness

introducción

HAY MUCHAS MANERAS de contribuir a la decoración mediante el uso de la luz sin dejar a un lado el ahorro de energía, aspecto que tendrá primordial relevancia a lo largo del siglo XXI. Es importante tener presente que si el esquema de iluminación habitacional incluye el cuidado del medio ambiente y el aprovechamiento de la luz natural, con ello se está cooperando a un mejor futuro del planeta.

Sin embargo, para el tema de esta edición es necesario centrarse en las posibilidades y aplicaciones de la luz

introduction

IL Y A BIEN DES FAÇONS d'utiliser la lumière dans la décoration sans pour autant négliger la question des économies d'énergie qui deviendra cruciale au XXI siècle. En concevant des plans pour l'éclairage d'un bâtiment, il est essentiel de tirer le meilleur parti possible de la lumière naturelle et de penser à la protection de l'environnement ; on contribue ainsi à assurer l'avenir de la planète.

Nous avons toutefois pensé que cet ouvrage devait avant tout se centrer sur la façon dont la lumière peut

einleitung

ES GIBT VIELE MÖGLICHKEITEN durch den Gebrauch von Licht zur Dekoration beizutragen, ohne dabei die Energieersparnis aussen vor zu lassen, denn dabei handelt es sich um einen Aspekt, der im XXI. Jahrhundert von bedeutender Relevanz ist. Es ist wichtig sich zu vergegenwärtigen, dass der Einbezug des Umweltschutzes in die Beleuchtungsgestaltung eines Hauses sowie die Nutzung von natürlichem Licht, einen Beitrag zu einer positiveren Zukunft des Planeten ausmacht.

Dennoch konzentrieren wir uns in dieser Ausgabe auf

it to enhance the appeal and quality of the different areas in a house.

In order to explain things more clearly, this volume is divided in accordance with the different areas of a building, with each section making reference to the different types of lighting: ambient or general, accentuation, decorative, indirect and daylight.

The essential aspects to consider when defining the best lighting options include the desired ambience, the role to be performed by lighting in each place, the components to be highlighted in the decoration and safety requirements for each area. Equally important is the need to study the area in order to determine the required intensity of the light, along with the amount and the quality. It is also vital to be aware of the huge range of lighting options available.

y en cómo añadir a través de ella interés y calidad a los diversos espacios de una casa.

Con el fin de brindar una mejor comprensión, el volumen se ha dividido de acuerdo con las diversas zonas espaciales, haciendo referencia en cada uno de los apartados a los distintos tipos de iluminación: ambiental o general, de acento, decorativa, indirecta y natural.

Desde luego, entre los aspectos esenciales a considerar para conjugar las mejores opciones de iluminación están la atmósfera que se desea conquistar, las funciones que se realizarán en cada sitio, los elementos que se busca que sobresalgan dentro de la decoración, la seguridad necesaria en cada área... Pero también es básico estudiar el espacio con la finalidad de determinar la intensidad de la luz que se requiere, su calidad y cantidad.

apporter chaleur et caractère aux différents espaces d'un logement.

Afin d'en simplifier la lecture, nous avons divisé ce volume en plusieurs parties correspondant aux différentes pièces puis en fonction des divers types d'éclairage. Pour chaque pièce, vous trouverez des paragraphes consacrés à l'éclairage général, à l'éclairage ponctuel, à l'éclairage indirect et à la lumière naturelle.

Certes, on ne saurait choisir un type d'éclairage sans songer d'abord et entre autres choses à l'ambiance qu'on souhaite créer, aux fonctions attribuées à chaque pièce, aux éléments de la décoration qu'on souhaite mettre en valeur et à la sécurité. Il n'en reste pas moins tout aussi essentiel d'étudier l'espace dont vous disposez afin

die Möglichkeiten und den Gebrauch der Beleuchtung sowie die Art und Weise, wie mit Licht die Attraktivität und die Qualität der verschiedenen Räume eines Hauses erhöht werden kann.

Um die Verständlichkeit zu erhöhen, wurde das Thema in verschiedene Bereiche unterteilt, wobei jeweils in den einzelenen Abschnitten auf verschiedene Beleuchtungstypen Bezug genommen wird: Umgebungsbeleuchtung oder allgemeine Beleuchtung, Akzentbeleuchtung, Dekorativbeleuchtung, indirekte Beleuchtung und natürliches Licht.

Natürlich werden unter den wichtigsten Aspekten, die bei der Festlegung der Beleuchtungsmöglichkeiten zu berücksichtigen sind, die gewünschte Atmosphäre, die Funktionen, die an dem jeweiligen Ort ausgeführt werden, die Elemente, die besonders hervorgehoben

Today, not only are there bulbs for every type of use, with different durations, that emit light with different tones and potencies, and that scatter or concentrate the beams, but there are also complete lighting systems that allow for very specific ways of decorating an area. The same can be said for the range of lamps you can choose from, be they ceiling lamps, candelabras, hanging lamps, embeddable lamps, as well as runner, arm, floor and desk lamps, among numerous others, from which you can pick from a whole spectrum of styles ranging from the most classic to the most modern and, obviously, the different types of materials they are made from.

All of this, however, covers artificial lighting only, as natural light also has its secrets; its luminosity, the possibilities of dispersion and, above all, the shadows it creates, all make a highly decorative and sensual contribution to the area.

As you can see, this all makes for an exciting trek through this fascinating topic with the aid of photographs to show you just what a successful lighting project is capable of.

Por otro lado, resulta importante familiarizarse con la enorme oferta que existe en luminarias. Hoy en día no solamente hay focos para todos los usos, con duraciones distintas, que emiten luces en diversas tonalidades y potencias, y distribuyen o concentran sus haces de luz, sino también sistemas completos de iluminación que permiten trabajar la decoración espacial de forma muy puntual. Lo mismo ocurre con la variedad de lámparas posibles a elegir ya sean de techo, candiles, colgantes, empotrables, de riel, de brazo, de pie, de mesa, entre un sinfín, en las que asimismo es factible seleccionar estilos que van de lo más clásico a lo más moderno y, desde luego, en todo tipo de materiales.

Pero lo anteriormente mencionado apenas refiere a la iluminación artificial, pues la natural también tiene sus secretos; su luminosidad, posibilidades de difusión y sobre todo las sombras que provoca, resultan altamente decorativas y sensuales en el espacio.

Como se ve, resultará interesante adentrarse en este apasionante tema a través de fotos que ejemplifican y muestran los resultados de proyectos de iluminación bien logrados.

de déterminer vos besoins en quantité, qualité et intensité de lumière.

D'autre part, il est important de mieux connaître le choix immense dont nous disposons en matière de luminaires. À l'heure actuelle, outre les ampoules conçues pour chaque usage, ayant des durées de vie variées, des tonalités et des puissances différentes, produisant une lumière diffuse ou concentrée, il existe des dispositifs complets qui s'adaptent à chaque type de décoration. Le choix est tout aussi vaste en matière de lampes, de plafonniers, de lustres, de suspensions, de spots à encastrer, de spots sur rail, d'appliques, de lampes de chevet, etc. Et parmi tous ces types de lampes, il vous faudra encore choisir les matériaux et le style qui vous conviennent le mieux dans une vaste gamme qui va du plus classique au summum du contemporain.

Mais nous n'avons parlé jusqu'ici que de la lumière artificielle ; or, la lumière naturelle possède aussi ses secrets : sa luminosité, ses possibilités de diffusion et surtout les ombres qu'elle contribue à créer peuvent être extrêmement sensuelles et décoratives.

Comme vous l'aurez constaté, le sujet est passionnant et nous avons décidé de le traiter ici à l'aide de photographies montrant des exemples d'éclairages réussis.

werden sollen sowie die in jedem Bereich notwendige Sicherheit in Betracht gezogen. Es ist aber auch erforderlich, den Raum zu analysieren, um die erforderliche Lichtintensität, deren Qualität und Menge festzulegen.

Andererseits ist es wichtig, sich mit dem grossen Angebot im Bereich der Beleuchtung vertraut zu machen. Heute gibt es nicht nur Glühbirnen für jede Art von Gebrauch, mit verschiedener Lebensdauer, Licht in verschiedenen Tonarten und unterschiedlicher Leistungsfähigkeit, die das Licht gestreut oder gebündelt abgeben; es gibt darüber hinaus auch vollständige Beleuchtungssysteme, die es ermöglichen, die Raumdekoration sehr genau abzustimmen. Das gleiche gilt für die Vielfältigkeit der Lampen, aus denen es auszuwählen gilt; diese reichen von Deckenleuchten und Kronleuchtern, über Hängelampen bis hin zu Einbaulampen, Schienenleuchten, Stehlampen, Tischlampen usw. Dabei können Stilrichtungen von klassisch bis ganz modern ausgewählt werden und natürlich auch jede Art von Material.

Die oben ausgeführten Möglichkeiten beziehen sich lediglich auf die künstliche Beleuchtung, aber auch das natürliche Licht weist seine Geheimnisse auf, wie Helligkeit, Ausbreitungsmöglichkeiten und vor allem Schatten, die provozieren und den Raum dekorieren und verschönern.

Wie man sieht, ist es interessant, sich diesem spannenden Thema zu widmen, und dies durch Fotos, die Beispiele liefern und die Ergebnisse von erfolgreich verwirklichten Beleuchtungsprojekten zeigen.

exteriors
exteriores
extérieurs
aussenbereiche

accentuating lighting
luz de acento
éclairage ponctuel
akzentlicht

THE VERY ESSENCE of outdoor lighting lies in providing security for the home and making positive changes to the environment on the basis of a well planned design. One good way to do this involves choosing a focal point from which the lighting plan can be devised. For instance, lights facing upwards should be placed at ground level to highlight different points of a wall or a specific section of it.

ENTRE LOS ASPECTOS BÁSICOS de la iluminación exterior están el proporcionar seguridad a la vivienda y conseguir modificar positivamente el entorno a partir de un diseño bien planeado. Una buena técnica consiste en seleccionar un punto focal en relación al cual se trace el plan de iluminación. Por ejemplo, las luces ascendentes que se colocan al nivel del suelo ayudan a resaltar varios puntos de un muro o una sección específica de éste.

L'ECLAIRAGE EXTERIEUR a pour fonctions principales d' apportes un sentiment de securité et de modifier agréablement votre environnement. Cet éclairage doit être soigneusement étudié. Une bonne technique consiste à choisir un centre d'attention autour duquel le reste de l'éclairage devra s'organiser. Vous pouvez par exemple disposer des spots qui éclaireront les murs en contre-plongée afin d'en rehausser l'aspect ou afin de mettre en valeur les pans de murs les plus intéressants.

UNTER DEN GRUNDLEGENDEN ASPEKTEN der Aussenbeleuchtung eines Hauses befindet sich die Sicherheit sowie eine positive Veränderung der Umgebung, angefangen bei einem gut geplanten Design. Eine Technik besteht aus der Auswahl eines zentralen Punktes, um den der gesamte Beleuchtungsplan entworfen wird. So hilft zum Beispiel die aufsteigende Beleuchtung, die auf der Höhe des Bodens angebracht wird, einige Punkte oder einen bestimmten Bereich der Mauer hervorzuheben.

Movable external reflectors combined with light from indoors are one option for breaking up the darkness and underlining the differences between blind walls and openings. Both sources of light should have dimmers in order to create contrasts and regulate the intensity of the light.

Los reflectores exteriores dirigibles combinados con la luz que emana del interior de una vivienda son una opción para despejar la oscuridad y remarcar las diferencias entre vanos y muros ciegos. Conviene que ambas fuentes de iluminación cuenten con dimmers reguladores con el fin de crear contrastes y manipular la intensidad de luz.

Grâce à des projecteurs extérieurs orientables dont la lumière s'ajoutera à celle qui émane de l'intérieur de la maison, vous parviendrez à dissiper la pénombre et à mettre en valeur les contrastes entre les embrasures et les murs aveugles. Il est préférable d'équiper les deux sources lumineuses de variateurs pour pouvoir régler l'intensité de la lumière et créer des contrastes intéressants.

Schwenkbare Aussenreflektoren, die mit dem Licht kombiniert werden, das von innen nach aussen scheint, stellen eine Alternative zur Auflockerung der Dunkelheit und Hervorheben der Unterschiede zwischen Öffnungen und Mauern dar. Es ist angebracht, dass beide Lichtquellen mit Dimmern versehen werden. So können Kontraste geschaffen und die Lichtintensität geregelt werden.

The color of light on the façade plays a vital role in the design, so the use of different tones of lighting –reddish, green, blue or amber– that scatter the light is essential for creating the most suitable setting. Blue and green tones conspire to generate an ambience of relaxation; amber provides a feeling of warmth; and combinations with other colors enhance the dramatic quality. The point-specific effects, the highlighting and shade can be enhanced with softer lighting and by pointing the lights in a strategic manner.

El color de la luz en fachadas juega un papel primordial en el diseño, por lo que disponer de luminarias en diversos tonos –rojizos, verdes, azules o ámbar–, que difuminen la luz, será esencial para generar la ambientación más apropiada. Los tonos azules y verdes cooperan a crear una sensación relajante; el ámbar da la impresión de calidez; y la mezcla de colores acrecienta el dramatismo. Los efectos puntuales, los realces y las sombras son mayores si la iluminación es suave y si se dirigen las luces estratégicamente.

La couleur de la lumière projetée sur les façades joue un rôle primordial dans le design ; ainsi, placer des spots de couleur - rouges, verts, bleus ou ambre - projetant une lumière tamisée vous permettra de créer l'atmosphère de votre choix. En employant des tons verts ou bleus, vous obtiendrez une sensation de calme tandis que les tons ambrés donneront une impression de chaleur ; pour un effet plus théâtral, n'hésitez pas à mélanger les couleurs. Vous obtiendrez un effet de contraste et d'ombre plus frappant en choisissant un éclairage doux et en dirigeant vos spots sur des points stratégiques.

Die Farbe des Lichtes an Fassaden spielt eine wichtige Rolle für das Design. Daher ist die Verwendung von schummerigen Lichttönen, wie rot, grün, blau oder gelb, wesentlich für das Schaffen einer geeigneten Atmosphäre. Blau- und Grüntöne tragen dazu bei, einen entspannten Eindruck schaffen, gelb steht für Wärme und eine Mischung der Farben führt zu einem dramatischen Eindruck. Punktuelle und reliefartige Effekte sowie Schatten sind stärker, wenn die Beleuchtung sanft ist und strategisch ausgerichtet wird.

Lighting pointed upwards on steps, fountains and other spaces affords a multitude of reflections on walls or water.

La iluminación ascendente lograda con luminarias en escalones, fuentes y otros espacios permite la multiplicación de los reflejos sobre muros o agua.

L'éclairage en contre-plongée réalisé à l'aide de spots disposés sur les marches, les fontaines etc. permet de multiplier les reflets sur les murs ou sur l'eau.

Aufsteigende Beleuchtung an Treppenstufen, Brunnen oder anderen Bereichen, ermöglichen eine Vervielfältigung der Spiegelungen auf Mauern oder Wasser.

A building made literally from "glass skin" can become the most attractive source of light. If the dramatic effects achieved through lights of varying intensities from both inside and outside are added to this attention-grabbing structure, the result will be absolutely entrancing.

Una construcción que literalmente tiene "piel de vidrio" puede convertirse en la fuente de luz más atractiva del espacio. Si a su llamativa figura se le suman efectos dramáticos logrados a través de luminarias de diversas intensidades provenientes tanto del interior como del exterior, el aspecto será de estar frente a una caja mágica.

Un immeuble vitré peut agir en tant que source de lumière et éclairer les alentours d'une douce lumière. Éclairé de l'intérieur, le bâtiment se détachera mieux dans le paysage ; si vous installez des lampes d'intensité diverse, il prendra en plus un aspect magique.

Ein Bau, der mit einer "Glashaut" versehen wurde, kann sich in die attraktivste Lichtquelle verwandeln. Wenn neben einer auffälligen Form dramatische Effekte eingeplant werden, die durch Lichter mit unterschiedlicher Intensität aus dem Inneren und Äusseren erzielt werden, so sieht dies aus, als würde man einem Zauberschloss gegenüberstehen.

The differences in quality, shade and tone achieved with artificial lighting emphasize details of construction and the textures of the materials of a home. These effects can be enhanced even further if we bring shadow into play using concentrated beams aimed at one point or, on the other hand, based on scattered lights that bathe the walls of different planes with varying degrees of intensity. In this way, the architectural work takes on a dynamic and very expressive quality.

Las diferencias de calidades, matices y tonalidades que se consiguen con la iluminación artificial enfatizan los detalles constructivos y las texturas de los materiales de una vivienda. Sus efectos se pueden subrayar más todavía si se estimula el juego con las sombras a través de lámparas de luz concentrada que se focalizan hacia un punto o, por el contrario, a partir de luces difuminadas que bañen con distinta intensidad los muros de los diversos planos. De este modo, la obra arquitectónica adquiere un carácter dinámico y fuertemente expresivo.

Les différences de qualité, de nuance et de tonalité qu'on peut obtenir à partir d'un éclairage artificiel permettent de souligner certains détails de l'architecture ainsi que la texture des matériaux employés. Vous pouvez améliorer cet effet en créant des ombres à l'aide de faisceaux concentrés sur un point ou un objet ou bien, au contraire, en employant des faisceaux tamisés qui projetteront une lumière d'intensité différente sur les murs disposés sur différents plans. Vous doterez ainsi l'architecture de votre maison d'un caractère dynamique et fortement expressif.

Die Unterschiede in Bezug auf Qualität, Abstufung und Farbtöne, die durch künstliche Beleuchtung geschaffen werden, betonen die baulichen Details und Strukturen der Materialien des Hauses. Die Effekte können noch verstärkt werden, wenn Schatten ins Spiel kommen, die mit gebündeltem Licht erzielt werden, das auf einen bestimmten Punkt gerichtet ist. Aber auch verschwommenes Licht, das die Mauern auf verschiedenen Ebenen mit unterschiedlicher Intensität erhellt, führt zu besonderen Effekten. Auf diese Weise, erhält das architektonische Werk einen dynamischen und aussagekräftigen Charakter.

The emphasis achieved in lighting by using lamps whose beams can be directed towards the upper zones arranges architectural volumes into a hierarchy, especially if focused on pillars or wall crests or if combined with wall openings bathed in light of a different tone.

El acento en la iluminación logrado a través de luces cuyos haces son guiados hacia las zonas superiores jerarquiza los volúmenes arquitectónicos, sobre todo si se enfocan columnas, remates de muros o si este recurso se combina con vanos iluminados en otro tono de luz.

En choisissant un éclairage en contre-plongée, vous créerez une hiérarchisation des volumes architecturaux surtout s'il s'agit de colonnes ou de murs en saillie ; l'effet sera d'autant plus réussi que vous aurez éclairé les embrasures à l'aide de spots d'une autre couleur.

Ein durch nach oben gerichtete Lichtstrahlen erzielter Beleuchtungsakzent, betont bestimmte architektonische Details, vor allem, wenn es sich dabei um die Beleuchtung von Säulen oder Mauervorsprüngen handelt oder das Licht mit anderen Farbtönen kombiniert wird.

Bear in mind that trees, bushes, paths or landscape accessories such as fountains or pools are a vital component in any outdoor lighting project, as it is precisely these points that should be highlighted, as well as façades whose architectural qualities make them worthy of being draped in light. The shapes of trees can be made all the more dramatic with movable lamps at the bottom, but a truly exquisite effect is achieved if they are pointed downwards from the top of the tree. Paths can be emphasized with soft lighting.

Tener en cuenta árboles, arbustos, caminos o unidades paisajísticas como son fuentes y espejos de agua, es esencial en el proyecto de iluminación exterior, pues son éstos los puntos que conviene resaltar; además de aquellas fachadas que por sus texturas o por su interés arquitectónico merezcan ser bañadas de luz. Las formas de los árboles se dramatizan con lámparas dirigibles desde el inferior, pero se consigue un efecto exquisito con las que se enfocan en forma descendente desde sus copas. Los caminos se enfatizan con luminarias suaves.

Il est essentiel de tenir compte des arbres, des arbustes, des chemins, des fontaines et des plans d'eau quand on planifie son éclairage extérieur, car ce sont ces éléments qu'il faudra mettre en valeur. Pensez également à éclairer les façades dont l'aspect et la texture le méritent. Sous l'effet d'un éclairage en contre-plongée, vous verrez la silhouette des arbres se découper dans le décor ; pour un effet féerique, installez un éclairage en douche au sommet de l'arbre. Pour les chemins, choisissez plutôt des lumières douces.

Der Einbezug von Bäumen, Sträuchern, Wegen und Umgebung, wie Brunnen und Wasserspiele, ist grundlegend für das Aussenbeleuchtungskonzept, denn hierbei handelt es sich um Punkte, die hervorgehoben werden sollen. Ausserdem sind Fassaden zu betonen, die aufgrund ihrer Struktur oder wegen ihres architektonischen Wertes Beleuchtung verdienen. Die Formen der Bäumen werden mit von unten schwenkbaren Leuchten dramatisiert und wenn das Licht von oben herab aus der Baumkrone scheint, wird ein sehr ästhetischer Effekt erzielt. Die Wege werden mit sanftem Licht erhellt.

If glass is abundant in a building, lighting is defined by the relations established between the inside and the outside. In such cases, outdoor light should be oriented to highlight specific elements such as door and window frames, for example.

Cuando en una construcción abunda el cristal, la iluminación es definida por las relaciones que se establecen entre el afuera y el adentro. En estos casos los cajillos de luz en el exterior deben orientarse para destacar elementos específicos como los marcos de puertas y ventanas, por ejemplo.

Si vous disposez d'un logement équipé de baies vitrées, l'éclairage sera défini par la relation entre l'intérieur et l'extérieur. Dans ce cas-là, il est conseillé d'orienter l'éclairage extérieur sur des éléments tels que l'encadrement des portes et des fenêtres.

Wenn ein Bau sehr viel Glas aufweist, wird die Beleuchtung durch das Zusammenspiel zwischen Innen und Aussen bestimmt. In diesen Fällen sollte die Aussenbeleuchtung auf spezifische Elemente gerichtet sein, wie zum Beispiel Türrahmen und Fenster.

LIGHTING from the inside of the house can create some spectacular effects at night, providing indirect light for the outside and, with its reflection, decorating spaces that would otherwise not stand out. It should be borne in mind at all times that the intensity of all lighting systems can be regulated, so the effects obtained will depend on how the system is used.

LA ILUMINACIÓN que procede del interior de la vivienda genera por las noches efectos impactantes, proporcionando luz indirecta al exterior y decorando con su reflejo espacios de éste que de otra forma no lucirían. Conviene siempre tener en consideración que todos los sistemas de iluminación son regulables en intensidad lumínica, así que de su manipulación dependerá el resultado de dichos efectos.

LA NUIT, l'éclairage qui provient de l'intérieur de la maison peut produire un effet saisissant sur l'extérieur. Cette lumière indirecte crée des reflets sur des espaces qui autrement seraient passés inaperçus. Rappelons que tous les systèmes d'éclairage sont réglables et que le résultat dépendra de l'intensité choisie.

DIE BELEUCHTUNG, die aus dem Inneren heraus scheint, schafft in der Nacht wirkungsvolle Effekte. Indirekte Lichtreflexe aus dem Inneren dekorieren Bereiche, die auf andere Weise nicht zur Geltung kommen. Dabei ist es immer angebracht, dass alle Beleuchtungssysteme in ihrer Intensität verstellt werden können, denn von der richtigen Einstellung hängt das Ergebnis der Effekte ab.

indirect light
luz indirecta
éclairage indirect
indirekte beleuchtung

The charm of the outdoors space can be accentuated with background light provided by an indoor source. This light is reflected and creates a decorative glow that is ideal for a stroll; however, the warmth of this space will depend on the color of the light.

Cuando el espacio exterior recibe luz de fondo porque proviene de una fuente interior adquiere cierto encanto. Esta luz se refleja y crea un resplandor que decora y sirve para poder deambular; sin embargo, del color de la luz que se utilice depende la calidez del espacio.

L'éclairage depuis le fond à partir d'une source lumineuse placée à l'intérieur peut donner beaucoup de charme à l'espace extérieur. Les reflets et l'éclat de cette lumière décorative vous permettront de vous déplacer à l'extérieur qui deviendra plus ou moins accueillant en fonction de la couleur de la lumière utilisée.

Wenn der Aussenbereich sanft durch Licht aus dem Inneren erhellt wird, sieht dies besonders angenehm aus. Das Licht wird reflektiert und schafft so einen Glanz, der dekorativ ist und den Bereich erhellt. Dabei ist zu beachten, dass der Farbton des Lichtes die Wärme des Raumes bestimmt.

The use of lighting in the ground highlights the decoration at the same time that it lights up the entry path. When these lights are used on stairs, it is preferable for them to be incorporated into the architecture and for them to offer the best possible degree of visual comfort, without dazzling.

El uso de luminarias de suelo enfatiza la decoración al tiempo que permite alumbrar el camino de entrada. Cuando estas luces se usan en escaleras es preferible que se integren a la arquitectura y que ofrezcan el mejor nivel de confort visual posible, sin llegar a deslumbrar.

Les spots encastres dans le sol permettent à la fois de mettre la décoration en valeur et d'éclairer le chemin qui mène à l'entrée d'un bâtiment. Si vous souhaitez poser ce type de spots sur un escalier, veillez à ce qu'ils ne jurent pas avec l'architecture et à ce qu'ils soient placés de manière à ne pas éblouir vos visiteurs.

Der gebrauch von bodenbeleuchtung betont die Dekoration und ermöglicht es, den Weg zur Eingangstür zu erhellen. Wenn diese Beleuchtung auf Treppen angebracht wird, sollte sie in der Architektur berücksichtigt sein und den bestmöglichen Sichtkomfort bieten, ohne dabei zu blenden.

Indoor lighting can provide serenity outdoors, in the same way that light from outdoors can create sensations indoors. This is why the relationship between indoors and outdoors needs to be defined on designing the lighting scheme.

A partir de la iluminación de un interior se puede lograr la serenidad del exterior, como también los efectos de la luz del exterior pueden generar emociones al interior. Por ello, al diseñar la iluminación hay que razonar las relaciones entre el afuera y el adentro.

L'éclairage intérieur peut suffire à doter l'extérieur de calme et de sérénité. À l'inverse, la lumière extérieure peut elle aussi transformer les sensations ressenties à l'intérieur. C'est pour cette raison qu'un éclairage réussi tiendra compte des relations qu'entretiennent ces deux milieux.

Ausgehend von der Beleuchtung des Innenraumes kann der Aussenbereich gestaltet werden, wobei auch die Lichteffekte im Äusseren Einfluss auf den Innenbereich haben. Daher sollte im Design der Beleuchtung das Zusammenspiel von Innen- und Aussenbereich berücksichtigt werden.

If the building consists of many glass volumes – cones, cubes, spheres, etc. –, when the light is switched on, these bodies will work like lanterns, together indirectly illuminating walkways and spreading light to other levels of the house, as well as compensating the lack of light outside. These "architectural lamps" should be designed esthetically, blending in with the façade and playing with shapes, sizes and the intensity of the light, but without losing sight of their functional role.

Cuando la arquitectura está compuesta por volúmenes vidriados –conos, cubos, esferas...–, al momento de encender la luz estos cuerpos funcionan como linternas, cooperando a iluminar de forma indirecta los recorridos y a trasladar la luz a otros niveles de la casa, además de compensar la ausencia de luz en el exterior. Conviene que estas "lámparas arquitectónicas" se diseñen con un sentido estético respecto a la fachada, jugando con sus formas, dimensiones e intensidades lumínicas, pero que también sean pensadas para cumplir con un objetivo de funcionalidad.

Si l'architecture de votre logement repose sur des volumes en verre - cônes, cubes, sphères - rappelons que lorsque vous allumerez la lumière, ces éléments agiront comme des lanternes et qu'ils éclaireront indirectement les lieux de passage et les autres niveaux de la maison et que vous compenserez ainsi l'absence d'éclairage extérieur. Ces "lampes architecturales" devront être aménagées en respectant les qualités esthétiques de la façade, en jouant avec les formes, les dimensions et l'intensité de la lumière tout en conservant toujours leur utilité pratique.

Wenn die Architektur Bereiche aus Glas, wie Lichtschächte und Kuppeln vorsieht, übernehmen diese bei Anschalten des Lichtes die Funktion einer Lampe und tragen dazu bei, dass Bereiche indirekt erhellt werden und das Licht in die anderen Etagen des Hauses gelangen kann. Gleichzeitig sorgen sie für Helligkeit, auch wenn draussen alles dunkel ist. Es ist angebracht, dass diese "architektonischen Lampen" auf ästhetische Art und Weise gestaltet werden und sich in die Fassade einpassen, wobei Form, Dimension und Beleuchtungsintensität variiert werden kann; ferner sollten sie natürlich auch zweckmässig sein.

living rooms
salas
salons
wohnzimmer

decorative lighting
luz decorativa
éclairage décoratif
dekoratives licht

IN ANY HOME the lighting scheme in the living room is particularly important. Recommendable combinations for this room, in terms of types and tones, include direct and scattered plays of light and shade and concentrated accents; embedded, hanging and table lamps. Anything goes if you want to create an attractive ambience; but let's not overlook the color of the ceiling, floor, walls, curtains and large items of furniture, as the lighter these items are the less lighting you will need and vice-versa.

EN TODA VIVIENDA resulta particularmente importante el proyecto de iluminación de la sala. Para este espacio son recomendables combinaciones de luces en calidades y tonalidades; directas y difusas, juegos de claroscuros y acentos focalizados; lámparas empotradas, colgantes y de mesa. Todo es válido para crear un ambiente atractivo; sin olvidar considerar el color de techos, pisos, muros, cortinas y piezas de mobiliario de gran tamaño, pues a mayor claridad en estos elementos menores niveles de iluminación se requerirán y viceversa.

DANS TOUT LOGEMENT, une attention toute particulière doit être réservée à la planification de l'éclairage du salon. Il est conseillé de combiner différents types de lumière et tonalités variées : lumière directe ou diffuse, effets clair/obscur, faisceaux dirigés. Mêlez appliques, plafonniers et lampes afin de créer une atmosphère agréable. Tenez également compte de la couleur des plafonds, des sols, des murs, des rideaux et des meubles les plus volumineux ; plus ceux-ci seront foncés, plus l'éclairage devra être intense.

IM GESAMTEN HAUS ist besonders die Beleuchtung des Wohnzimmers von grosser Bedeutung. Für diesen Bereich ist eine Kombination von verschiedenen Qualitäten und Farbtönen empfehlenswert. Auch kann mit direkter oder weitläufiger Beleuchtung oder hell und dunkel gespielt werden. Ferner können Akzente beleuchtet und Einbaulampen, Hänge- oder Tischleuchten verwendet werden. Alles ist erlaubt, um eine attraktive Atmosphäre zu schaffen. Dabei sind aber auch die Farben von Decken, Böden, Mauern, Gardinen und grossen Möbelstücken in Betracht zu ziehen, denn je heller diese Elemente sind, desto weniger Beleuchtungsintensität wird benötigt und umgekehrt.

Stone objects can be used to make highly attractive lamps. Slender onyx plates can be used, for instance, to make boxes that transform light into delicate yellow and white tones.

Algunos materiales pétreos se prestan para crear lámparas-objeto de alto valor estético. Con delgadas placas de ónix, por ejemplo, se pueden formar cajas que transforman la luz en delicadas tonalidades amarillas y blancas.

Certaines roches se prêtent à la création de splendides sculptures lumineuses. Avec de minces panneaux en onyx, par exemple, vous pouvez fabriquer des caissons qui transformeront la lumière en délicates touches de jaune et de blanc.

Einige steinartige Materialien sind dazu geeignet daraus Lampen zu fertigen, die einen hohen ästhetischen Wert aufweisen. Mit dünnen Onyx-Platten können zum Beispiel Gehäuse geformt werden, die das Licht in sanfte gelbe oder weisse Farbtöne verwandeln.

There is nothing more suggestive than the discrete lighting afforded by lamps embedded into a soffit, where it is not the light itself that stands out but its effects on metal objects, transparent items and polished surfaces. The shine and reflections created give the place a singular and clean look.

Nada es más sugerente que una iluminación discreta lograda con empotrados a plafón, en donde lo que se revela no es la luminaria sino sus efectos sobre los objetos metálicos, transparencias y superficies pulidas. Los brillos y reflejos le dan al espacio cualidades decorativas y de limpieza únicas.

Rien n'est plus suggestif que l'éclairage que fournissent les spots encastrés dans le plafond ; discrets, ces spots émettent une lumière qui se reflète sur les objets métalliques, les surfaces transparentes ou brillantes. L'effet ainsi obtenu donne une impression unique de propreté et de bon goût.

Es gibt nichts reizvolleres als eine diskrete Beleuchtung, die durch in die Zimmerdecke eingelassene Lampen erreicht wird. Zu sehen ist nicht die Leuchte an sich, sondern deren Effekte auf Metallobjekten, durchsichtigen und blanken Oberflächen. Der Glanz und die Lichtreflexe verleihen dem Raum einzigartigen dekorativen Wert und den Eindruck von Sauberkeit.

One of the most useful tools in photography –the light box– has been claimed by interior designers for its role as a decorative item of furniture. Its main virtue lies in the materials used to make it which allow it to function as a lamp that can be adapted using a source of light and an electric circuit to feed it. In a living room it can be adapted for numerous uses, combining its qualities as a lamp and using it as a bar, folding screen or a top.

Una de las herramientas más útiles en fotografía –la caja de luz– ha sido retomada por los interioristas para su desempeño como mueble decorativo. Su principal virtud radica en que al fabricarse en materiales translúcidos funciona también como lámpara, que se adapta por medio de una fuente de iluminación y un circuito eléctrico que la alimenta. En una estancia es posible adecuarla para usarse multifuncionalmente combinando sus atributos de lámpara y realizando también las veces de barra de bar, biombo o remate de un espacio.

Inspirés par les photographes, les architectes d'intérieur ont détourné la boîte à lumière de studio à des fins décoratives. Ils ont ainsi créé un caisson lumineux, fabriqué en matériaux translucides, équipé d'ampoules et d'un circuit électrique relié au courant qui peut faire office de lampe mais aussi de meuble. On le retrouvera ainsi dans les salons sous forme de comptoir de bar, de paravent ou de cloison.

Eine der nützlichsten Werkzeuge der Fotographie -der Lichtkasten- wurde von Innendekorateuren als ästhetisches Möbel aufgegriffen. Wird er aus durchsichtigen Materialien gefertigt, funktioniert er auch als Lampe, die durch eine Lichtquelle mit Elektroanschluss angepasst wird. In einem Wohnraum ist es möglich, sie so herzurichten, damit sie auf verschiedene Weisen genutzt werden kann: als Lampe, Bartheke, spanische Wand und Abschluss eines Raumes.

Large objects can acquire outstanding esthetic qualities when lit from the inside to look like sculptures suspended in space. This effect can also be achieved using an illuminated wall or pool.

Los objetos de gran formato pueden adquirir cualidades estéticas sobresalientes cuando son iluminados interiormente y aparecer como esculturas en el espacio. Este efecto puede ser igualmente logrado a través de un muro que de un espejo de agua iluminados.

Vous pouvez doter vos objets de grande taille de qualités esthétiques et sculpturales remarquables en les éclairant de l'intérieur. Pour obtenir cet effet, vous pouvez éclairer un mur ou un plan d'eau.

Grosse Objekte können eine hervorragende ästhetische Qualität erlangen, wenn sie von innen beleuchtet werden. Sie verwandeln sich paraktisch in Skulpturen. Dieser Effekt kann auch durch eine beleuchtete Mauer oder ein beleuchtetes Wasserspiel erzielt werden.

In a contemporary setting with pure and straight-lined furniture, a hanging oil lamp made from glass blown into organic and bloated shapes can make all the difference. The lights will be transformed by these glass forms to shine with soft tones but with very clear lighting.

En un ambiente moderno con mobiliario de líneas puras y rectas, un candil colgante de cristal soplado de formas orgánicas y abombadas puede dar el toque. Las luces transformadas por los cuerpos de los cristales emitirán brillos con tonalidades suaves e iluminarán de forma muy clara.

Dans un espace équipé de meubles contemporains aux lignes pures et dépouillées, la touche finale peut être apportée par un lustre en verre soufflé aux formes organiques et bombées. Le verre transforme la lumière qui acquiert ainsi des tonalités suaves et claires.

In einer modernen Atmosphäre mit Möbeln mit klaren und geraden Linien, kann ein Hängekronleuchter aus geblasenem Glas mit einheitlicher, dickbauchiger Form den gewissen Touch ausmachen. Das Licht, das durch die Kristallkörper scheint, gibt einen Glanz mit sanften Farbtönen ab und erhellt auf sehr klare Art und Weise.

If you want to increase the amount of ambient light and enhance its effects in a living room, it is advisable to use translucent screens rather than opaque ones for floor or table lamps, as well as to fit them with dimmers and bulbs with different intensities.

Para aumentar la cantidad de luz ambiental y dramatizar sus efectos en una sala es aconsejable usar pantallas translúcidas en lugar de opacas para las lámparas de pie o mesa; así como instalarlas con dimmers reguladores de intensidad y focos de diversos alcances lumínicos.

Pour que votre salon soit plus lumineux et obtenir un effet plus théâtral, nous vous conseillons de doter vos lampes et vos liseuses d'abat-jour translucides plutôt qu'opaques et de les équiper de variateurs permettant de régler l'intensité de la lumière ; choisissez également des ampoules de puissances distinctes.

Um die Beleuchtung zu verstärken und deren Effekte zu dramatisieren, ist es im Wohnzimmer angebracht durchsichtige statt lichtundurchlässige Lampenschirme für Steh- oder Tischleuchten zu verwenden. Ferner sollten sie mit Dimmern versehen sein, mit denen die Lichtintensität verstellt werden kann. Auch Glühlampen mit unterschiedlichem Lichtumfang sind von Vorteil.

Another option to enhance decorative value and make the living room look more spacious is to light up the whole of a wall or part of it with lamps embedded in the wall, making sure they are separated from each other by equal distances.

Un recurso que además de ser decorativo permite que la sala luzca más espaciosa, consiste en iluminar toda una pared o una fracción de ésta con lámparas empotradas a muro, cuidando que entre una y otra exista un ritmo marcado por la distancia equitativa entre ellas.

Vous pouvez obtenir un effet décoratif et une plus grande sensation d'espace en éclairant un mur entier ou un pan de mur à l'aide de panneaux lumineux encastrés à intervalles réguliers dans la paroi elle-même.

Eine Methode, die ausser ihrem dekorativen Wert den Nebeneffekt hat, dass das Wohnzimmer grösser wirkt, ist die Beleuchtung einer gesamten Wand oder eines Teiles derselben mit in die Mauer eingelassenen Leuchten. Dabei ist darauf zu achten, dass zwischen den einzelnen Lampen ein bestimmter, gleichbleibender Abstand eingehalten wird.

EMBEDDED, DOWNWARD-POINTING AND ORIENTABLE HALOGEN LAMPS highlight the wall's interesting textures, strips that underline certain details, cover panels or even a work of art; in other words they provide accentuating lighting. In the case of paintings, it is worth bearing in mind that, over time, the materials and colors will deteriorate, and that incandescent and some fluorescent lights cause less harm to photosensitive materials than lamps that emit shortwave light.

LAS LUCES HALÓGENAS EMPOTRADAS, DESCENDENTES Y DIRIGIBLES sirven para destacar paredes con texturas interesantes, molduras en las que resalte algún detalle, paneles de revestimientos o bien una obra de arte; es decir, funcionan como luz de acento. En el caso de las pinturas conviene considerar que con el tiempo la luz puede deteriorar y alterar sus materiales y colores, siendo las incandescentes y algunas fluorescentes las que causan menos daño a los materiales fotosensibles que las que emiten luz en la región de onda más corta.

LES LAMPES HALOGENES ENCASTREES orientées vers le bas et sur un point précis permettent de souligner certains éléments : texture des murs, moulures, panneaux ou œuvres d'art. Autrement dit, il s'agit d'un éclairage ponctuel de mise en valeur. Si vous voulez mettre l'accent sur un tableau, n'oubliez pas qu'avec le temps, la lumière risque de l'abîmer ; rappelons que l'incandescence et certaines fluorescences affectent moins les matériaux photosensibles que les ondes de lumière plus courtes.

EINGELASSENE HALOGENLAMPEN, DIE VON OBEN NACH unten erhellen und verstellbar sind, können zur Beleuchtung von interessanten Strukturen, Vorsprügen mit einem Detail, Verkleidung mit Paneelen oder einem Kunstwerk herangezogen werden, das heisst, sie nehmen die Funktion von Akzentbeleuchtung ein. Im Falle von Gemälden ist es angebracht in Betracht zu ziehen, dass durch das Licht die Materialien oder Farben beeinträchtigt oder verändert werden können. Herkömmliche Glühlampen oder einige Leuchtstofflampen verursachen weniger Schaden an lichtempfindlichen Materialien als kurzwelligere Leuchten.

accentuating lighting
luz de acento
éclairage ponctuel
akzentlicht

THE ESTHETIC QUALITIES AND EMOTIONAL VALUE of works of art mean they have to be illuminated very carefully. Sculptures in particular require special attention as their shapes and textures are ideal for achieving unique effects. Creating shadows is a recommendable lighting technique achieved by placing a source of light flush with floor level to project the shadow of the sculpture onto a surface behind it. In such cases it is a good idea to use floor lamps.

POR SU CALIDAD ESTÉTICA Y SU VALOR ESTIMATIVO las obras de arte deben ser objeto de una iluminación muy cuidada. En particular las esculturas merecen especial atención pues sus formas y texturas se prestan para lograr efectos únicos. El sombreado es una técnica de iluminación recomendable que se consigue al colocar una fuente de luz a ras del suelo para proyectar la sombra de la escultura sobre una superficie situada por detrás de ésta. Para estos casos conviene recurrir a reflectores de lente escalonada y luces de suelo.

LES ŒUVRES D'ART, EN RAISON DE LEUR BEAUTE et de leur valeur, exigent un éclairage soigneusement étudié. Les sculptures méritent une attention toute particulière car un éclairage adéquat jouant sur leurs formes et leurs textures permettra de créer des effets uniques. La technique conseillée est la projection d'ombres qui s'obtient en disposant les sources de lumière au ras du sol afin que l'ombre de la sculpture se reflète sur le mur situé derrière elle. Pour obtenir cet effet, il est recommandé d'employer des réflecteurs à lentille de Fresnel et des spots encastrés dans le sol.

AUFGRUND DER ÄSTHETISCHEN QUALITÄT und de, schätzwert, sollten Kunstwerke mit Vorsicht beleuchtet werden. Besonders Skulpturen verdienen besondere Aufmerksamkeit, da ihre Formen und Strukturen dazu geeignet sind, einzigartige Effekte zu erzielen. Die Schattierung ist eine empfehlenswerte Beleuchtungstechnik, die durch die Anbringung einer in den Boden eingelassenen Lichtquelle erzeugt wird und den Schatten der Skulptur auf die Oberfläche projiziert, die sich hinter dem Werk befindet. In diesen Fällen ist es angebracht, auf Reflektoren mit abgestufter Linse oder Bodenbeleuchtung zurückzugreifen.

Indoor plants and other large ornaments such as screens and folding screens look great when illuminated with floor-embedded orientable lights pointing upwards, one notable example of this being the classic power-saving metal bulbs. This type of decorative light must never be pointed directly at the eyes of people in the area, as this could be extremely unpleasant and leave them dazzled for a long time.

Las plantas de interiores y otros elementos ornamentales de gran formato como es el caso de mamparas y biombos se ven maravillosos cuando se les alumbra con luces ascendentes dirigibles empotradas a piso, destacando en este rubro la opción de los ya clásicos focos metálicos ahorradores de luz. Es importante que este tipo de luminarias decorativas nunca apunten directamente a los ojos de las personas que transiten por el área, pues pueden llegar a ser molestas en extremo y encandilar por un largo rato.

Grâce à un éclairage en contre-plongée obtenu à l'aide de spots encastrés dans le sol, vous pourrez donner à vos plantes vertes ou à d'autres objets décoratifs de grand format - cloisons amovibles, paravents - un aspect fantastique du plus bel effet qui sera encore rehaussé si vous employez des ampoules métalliques basse consommation. Attention : veillez à ne pas pointer ces faisceaux lumineux en direction des personnes pour ne pas les éblouir ou les gêner.

Pflanzen im Inneren oder andere grosse Dekorationsgegenstände, wie Wandschirme und spanische Wände sehen wunderschön aus, wenn sie mit verstellbaren Leuchten von unten nach oben erhellt werden, die in den Boden eingelassen sind. In diesem Zusammenhang sind besonders die klassischen Metallgehäuse zu erwähnen, in denen Energiesparlampen verwendet werden können. Es ist wichtig, dass diese Art von Dekorativbeleuchtung niemals direkt in die Augen der Personen gelangt, die sich in diesem Bereich aufhalten, denn die Blendung kann sehr unangenehm sein.

In addition to orientable lights, there are other sources of lighting that can be used to highlight the decoration; candles, torches and oil lamps are good examples. The rising wick of a candle evokes contemplation and turns the object into the point of interest in itself.

Además de las luminarias dirigibles hay otras fuentes de luminiscencia que marcan acentos en la decoración; velas, antorchas y lámparas de aceite son buenos ejemplos. La mecha ascendente de las velas invita a la contemplación y convierte al objeto en sí mismo en el punto de interés.

En plus des spots orientables, d'autres sources de luminescence telles que les bougies, les torches ou les lampes à huile vous permettront de mieux mettre en valeur certains aspects de la décoration de votre salon. Une bougie allumée devient en elle-même un objet décoratif tandis que sa flamme invite à la contemplation.

Ausser der verstellbaren Beleuchtung gibt es noch weitere Lichtquellen, die in Bezug auf die Dekoration Akzente setzen; Kerzen, Fackeln und Öllampen sind gute Beispiele. Der aufsteigende Docht der Kerzen läd zum Betrachten ein und verwandelt das Objekt an sich in einen interessanten Punkt.

IN ORDER TO CREATE GENERAL BUT INDIRECT LIGHT you can attach a soffit to the ceiling, preferably one with an opaque screen that distributes light uniformly; this is also possible if the screen has bulbs with beams of light scattered equally in all directions. The color of the screen will depend on the required effect; if it is yellow then the light will be warm, if it is white, the sensation will be a cold one.

PARA CREAR UNA LUZ GENERAL PERO INDIRECTA se puede instalar un plafón en el techo, preferentemente con una pantalla opaca que distribuya la luz uniformemente; también es factible que dicha pantalla tenga focos con haz de luz ancho o luz difusa que alumbre por igual en todas direcciones. Del color de la pantalla dependerá la atmósfera que se consiga; si es amarilla la luz será cálida, si es blanca dará la sensación de ser fría.

POUR CREER UN ECLAIRAGE GENERAL INDIRECT, vous pouvez poser un faux-plafond muni d'une plaque translucide à travers laquelle la lumière se diffusera de façon uniforme. Vous pouvez encore équiper ce faux puits de lumière de spots à large faisceau ou à faisceau diffus pour obtenir un éclairage de même intensité dans toutes les directions. La couleur de la plaque du faux puits de lumière déterminera le type de l'ambiance ainsi créée : pour une atmosphère chaleureuse, choisissez le jaune, pour une lumière plus froide au contraire, préférez le blanc.

indirect light
luz indirecta
éclairage indirect
indirekte beleuchtung

UM EINE ALLGEMEINE, ABER INDIREKTE beleuchtung zu erzielen, kann die Decke abgehängt werden, und dies vorzugsweise mit einem lichtundurchlässigen Material, das das Licht gleichmässig verteilt. Es ist ferner machbar, dass in die abgehängte Decke Lampen mit breiten Lichtstrahlen oder weitläufigem Licht eingelassen werden, die in alle Richtungen Licht abgeben. Die Farbe der abgehängten Decke hängt von der Atmosphäre ab, die erreicht werden soll; wird gelb gewählt, wirkt das Licht warm, wird sich für weiss entschieden, entsteht ein kalter Eindruck.

The best thing for illuminating the stairs and other areas of transit is to use sources of scattered light that can be switched on and off indistinctly from any part of the area. Also, if you choose lighting pointing upwards, it is better to avoid switching it on when the bulb is under the line of sight. If you also use accentuating lighting, you will enhance the beauty of the place and bolster the general level of lighting.

Lo conveniente para alumbrar escaleras y otras áreas de circulación es usar luminarias que provean de luz difusa así como considerar que ésta pueda ser encendida y apagada indistintamente desde cualquier extremo del recorrido. Asimismo, en el caso de que se opte por un tipo de iluminación ascendente hay que tratar de evitar el encandilamiento cuando el foco quede debajo de la vista. El apoyo de luces de acento ayuda a dotar al ambiente de belleza y refuerza la iluminacion general.

Pour éclairer escaliers et autres zones de circulation, il est conseillé d'employer des lampes émettant une lumière diffuse et d'installer un interrupteur va-et-vient. Si vous choisissez un éclairage en contre-plongée, veillez à le disposer de façon à éviter l'éblouissement. La beauté de l'espace peut en outre être soulignée par quelques spots qui fourniront un éclairage ponctuel en complément de l'éclairage général.

Zur Beleuchtung von Treppen und anderen Durchlaufbereichen sollten weitläufige Lichtquellen verwendet werden. Auch ist zu berücksichtigen, dass das Licht unabhängig voneinander von beiden Enden an- und ausgeschaltet werden kann. Ferner sollte bei aufsteigendem Licht vermieden werden, dass es zu Blendung kommt wenn sich die Glühlampen unterhalb der Sichthöhe befinden. Wird zusätzlich Akzentbeleuchtung angebracht, wird die Atmosphäre verschönt und die allgemeine Beleuchtung verstärkt.

Corridors and stairs arrange the spaces in a house horizontally and vertically, but their main feature must be safety. If they are long and straight, they must have light at the beginning, at the end and in the middle. One good option for stairs is lights embedded in the steps or in the wall at the same height as the steps; for corridors the ideal thing would be to illuminate the whole hall with indirect light from lights embedded in the floor or ceiling.

Los pasillos y escaleras organizan los espacios de una casa en sentido horizontal y vertical; su principal característica debe ser la seguridad. Cuando sus tramos son largos y rectos hay que tener luz al principio, al final y en medio del trayecto. Para las escaleras son favorables las luces empotradas en los peldaños o sobre la pared a la altura de los escalones; para pasillos es ideal iluminar todo el recorrido con luz indirecta proveniente de empotrados a piso o a techo.

Les couloirs et les escaliers organisent l'espace de façon verticale et horizontale. Avant tout, ils doivent être sûrs et donc convenablement éclairés, s'ils sont longs et droits, à l'entrée, au milieu et à la sortie. Dans le cas des escaliers, l'éclairage par spots encastrés dans les marches ou encore sur le mur à hauteur des marches constitue une bonne solution. En ce qui concerne les couloirs, le mieux est de choisir un éclairage indirect fourni par des spots encastrés dans le sol ou dans le plafond.

Flure und Treppen teilen die Räume eines Hauses waagerecht und senkrecht ein. Ihre Haupteigenschaft sollte die Sicherheit sein. Wenn es sich um lange und gerade Abschnitte handelt, wird Licht am Anfang, am Ende und in der Mitte benötigt. Für Treppen empfehlen sich Einbauleuchten, die in die Stufen eingelassen oder in der Wand auf der Höhe der Stufen angebracht werden. In Fluren ist es ideal, die gesamte Länge mit indirektem Licht zu beleuchten, das aus Lampen kommt, die im Boden oder in die Decke eingelassen sind.

The design drawn out by the straight axes highlighting the architectural layout with lines of lights provides visual depths as well as shadows and contrasts. If the lights are concealed inside ceiling grooves, they will scatter soft light and create a magical sensation.

El trazo de ejes rectos en los techos remarcando el recorrido arquitectónico a través de líneas de luces aporta profundidad visual y crea sombras y contrastes. Si las luces son ocultas al interior de cajillos difunden flujos luminosos de forma suave y dan un aspecto mágico.

Le tracé architectural peut être mis en valeur à l'aide d'un éclairage disposé en conséquence. Vous obtiendrez de plus un effet de profondeur, d'ombre et de contraste. Si vous dissimulez les ampoules dans des caissons ou des corniches, la lumière sera plus douce et votre espace prendra un aspect féerique.

Der Umriss von geraden Achsen an der Decke, die die Architektur durch Lichtstreifen betonen, trägt zur visuellen Tiefe bei und schafft Schatten und Kontraste. Wenn die Leuchten im Inneren von Vertiefungen versteckt sind, breitet sich das Licht sanft aus und es entsteht ein magischer Aspekt.

natural light
luz natural
lumière naturelle
natürliches licht

CORRECT USE OF DAYLIGHT requires an understanding of its properties, as indoor ambience is determined by the quality and correct distribution of light. Domes are effective options for controlling the amount of light and there is a range of covers to choose from. If the cover is semi-transparent or tinged by the color of the materials used to make it, they will provide protection against extreme temperatures, the sun and harsh weather conditions, as well as prevent dazzling and enable selective usage of daylight.

EL ADECUADO USO DE LA LUZ NATURAL requiere del conocimiento de sus propiedades; pues la eficacia del ambiente interior tiene que ver con su calidad y su correcta distribución. Los domos son componentes arquitectónicos que representan efectivas soluciones en el control de la incidencia lumínica y sus coberturas pueden ser muy variadas. Cuando tienen cubiertas semitransparentes o matizadas por el color de los materiales de que están hechos sirven de protección térmica, solar, anti-deslumbrante y contra la intemperie, pero también permiten la utilización selectiva de la luz.

POUR UTILISER LA LUMIERE NATURELLE DE FAÇON ADEQUATE, il vous faut en connaître les propriétés. Une décoration intérieure réussie doit tenir compte de cette lumière et de sa distribution. Le puits de lumière est un élément d'architecture qui permet de contrôler l'incidence de la lumière. Vous avez le choix en ce qui concerne les matériaux du châssis : avec une plaque semi transparente ou faite d'un mélange de matériaux de transparences différentes, vous obtiendrez une utilisation sélective de la lumière et une protection contre la chaleur, le soleil, les éblouissements et les intempéries.

EIN GEEIGNETER GEBRAUCH VON NATÜRLICHEM LICHT erfordert Kenntnis in Bezug auf dessen Eigenschaften, denn die Atmosphäre im Inneren hängt von der Lichtqualität und deren Verteilung ab. Lichtschächte sind architektonische Komponenten, die wirksame Lösungen zur Steuerung des Lichteinfalles darstellen, deren Abdeckung variiert werden kann. Wenn sie halbdurchsichtige oder abgetönte Abdeckungen haben, dienen sie aufgrund der Farben der Materialien aus denen sie gefertigt sind als Wärme-, Sonnen- und Blendschutz. Gleichzeitig ermöglichen sie aber auch die selektive Nutzung des Lichtes.

If daylight bounces off structural surfaces such as walls and ceilings, it will be reflected in the spaces with a curious effect.

Cuando la luz del día rebota sobre superficies arquitectónicas como muros y techos se refleja de forma graciosa en el espacio.

Quand la lumière du jour vient frapper les murs et les plafonds, elle se reflète ensuite avec grâce sur le reste de l'espace.

Wenn das Tageslicht auf architektonische Oberflächen trifft, wie zum Beipsiel Decken und Wänden, wird es im Raum auf anmutige Weise widergespiegelt.

One of the best options for directing light onto objects and surfaces is lattice windows. They create light and shade enhancing effects, as well as accentuate the impression of depth and 3-D architecture. The effect is that the light will liven up duller or brighter colors, depending on the amount of light hitting them. The smaller and closer together the objects used to filter light are, the more progressive and tinged the light and shadow will be.

Entre los aspectos más plásticos que se consiguen al hacer incidir la luminosidad sobre superficies y objetos están las celosías. Con ellas se obtienen efectos potenciados de luces y sombras y se acentúa la sensación de profundidad y tridimensionalidad de la arquitectura. Los resultados lumínicos hacen distinguir los colores más apagados o más encendidos según la incidencia de la luz sobre ellos. Cuanto más pequeños y menos distanciados se encuentren los elementos que se usen para filtrar la luz, tanto más progresivas y matizadas serán las luces y las sombras.

Les treillis zénithaux permettent d'obtenir un effet esthétique découlant de l'incidence de la luminosité sur les surfaces et les objets. Ils potentialisent les effets d'ombre et de lumière et accentuent la sensation de profondeur et de tridimensionnalité. En termes de lumière, les couleurs les plus pâles se distinguent des plus vives en fonction de l'incidence de la lumière. Sachez encore que plus les éléments utilisés pour filtrer la lumière seront petits et rapprochés les uns des autres, plus les lumières et les ombres seront nuancées.

Es wird ein äusserst plastischer Aspekt erzielt, wenn das Licht durch Gitter auf Oberflächen und Objekte scheint. Es werden verstärkte Licht- und Schatteneffekte erzielt und der Eindruck von Tiefe und Dreidimensionalität der Architektur betont. Die Lichteffekte bewirken, dass die Farben -je nach Einfall des Lichtes- gedämpfter oder feuriger aussehen. Je kleiner und weniger von einander entfernt die Elemente angebracht werden, durch die das Licht scheint, je progressiver und nuancierter sind die Lichter und Schatten.

The availability of sunlight can last all year round if there are enough windows and skylights. Its scope will be enhanced if the surfaces consist of varying textures and if there are transparent objects to create reflective plays.

La iluminación solar puede estar presente durante las cuatro estaciones del año si se dota al espacio de amplias ventanas y tragaluces. Sus alcances resultan de mayor interés cuando las superficies poseen diversas calidades de texturas y existen objetos cuya transparencia ocasiona juegos de reflejos.

La lumière du soleil peut être mise à profit tout au long des quatre saisons à condition que votre espace soit doté de baies vitrées et de puits de lumière. Elle sera d'autant plus intéressante que vos surfaces auront des textures différentes et qu'il existera des objets transparents permettant de créer des jeux de reflets.

Das Sonnenlicht kann während der vier Jahreszeiten genutzt werden, wenn der Raum mit grossen Fenstern oder Dachfenstern versehen wird. Der Einfall des Sonnenlichtes ist interessanter, wenn die Oberflächen verschiedene Strukturqualitäten aufweisen und es Objekte gibt, deren Transparenz besondere Lichteffekte erzeugt.

Some architectural elements, such as mullions, beams and rafters, can be used to manipulate any daylight entering the space and modify its luminosity and intensity. These elements work by freeing or obstructing the passage of light, casting glimmers of light or shadows onto given points of the structure in a very specific manner. The contrasting effects obtained can also be used to weight certain details of the building and the textures of the building materials.

Existen elementos arquitectónicos, como es el caso de parteluces, vigas y otros travesaños, con los cuales se logra manipular la luz natural que penetra al interior del espacio y variar su flujo luminoso e intensidad. Estos elementos funcionan dejando libre u obstruyendo el paso de la luz y provocando que los destellos o las sombras lleguen hacia determinados puntos de la arquitectura de forma muy definida. Los efectos contrastantes que se consiguen cooperan también a ponderar los detalles constructivos y las texturas de los materiales de construcción.

Certains éléments d'architecture tels que les meneaux, les poutres et autres traverses permettent de manipuler la lumière naturelle qui pénètre à l'intérieur de l'espace et d'en varier le flux et l'intensité. Ces éléments ont pour fonction de laisser passer la lumière ou de la bloquer et de diriger les faisceaux lumineux et les ombres vers certains points précis de l'architecture. Les effets de contraste ainsi obtenus permettent à leur tour de souligner certains détails de l'architecture et de mettre en évidence la texture des matériaux.

Es gibt architektonische Elemente, wie zum Beispiel Fenstermittelpfosten, Balken und andere Querlatten, mit denen das natürliche Licht manipuliert werden kann, das ins Innere des Raumes dringt. Es kann dessen Lichteinfall und die Intensität verändert werden. Diese Elemente lassen das Licht frei einfallen oder versperren den Zugang und so wird erreicht, dass die Strahlen oder Schatten gezielt auf bestimmte Punkte der Architektur treffen. Die Kontrasteffekte heben auch die baulichen Details sowie die Struktur der Baumaterialien hervor.

Generous amounts of daylight entering the passages, corridors, stairs and entrances will help broaden the visual space and highlight the colors and textures of the building materials. In addition to the appealing visual effect generated and the creation of interesting areas of light and shade, it also reduces eye fatigue and makes a considerable contribution to saving energy. Light entering these places can even be harnessed to inject vitality into adjacent areas.

Generosas entradas de luz del día en pasarelas, pasillos, escaleras y accesos ayudan a ampliar el espacio visual y muestran el color y las texturas de los materiales de construcción. Además de su atractivo estético y de la conformación de interesantes sombras y brillos, también disminuyen la fatiga visual y cooperan considerablemente al ahorro de electricidad. La luz que penetra por estos sitios puede ser incluso aprovechada para dotar de vitalidad a áreas contiguas.

Aménager l'espace de façon à laisser la lumière du jour inonder les couloirs, passerelles, escaliers et autres accès permet d'élargir le champ visuel et de souligner la couleur et la texture des matériaux. En plus de produire une impression esthétique et de créer des jeux d'ombre et de lumière intéressants, cet éclairage vous permettra de réduire les risques de fatigue visuelle et de faire des économies d'énergie considérables. Cette lumière naturelle peut également contribuer à donner plus de vitalité aux zones contiguës.

Grosszügiger Lichteinfall in Fluren, Gängen, Treppen und Zugängen hilft dabei, den Raum visuell zu vergrössern und hebt die Farbe und Struktur der Baumaterialien hervor. Ausser dem ästhetischen Wert und der Bildung von interessanten Schatten und Schimmern, wird auch eine Ermüdung der Augen vermieden und das Tageslicht hilft wesentlich bei einer Einsparung von Energie. Das Licht, das in diese Bereiche einfällt kann sogar dazu genutzt werden, angrenzenden Flächen neuen Schwung zu verleihen.

One very good decorative option is to make the most of light and dark tones created on different structural elements.

Aprovechar los claroscuros que se conforman por el encuentro lumínico con los distintos volúmenes arquitectónicos es una alternativa decorativa importante.

Quand les faisceaux lumineux se heurtent aux volumes architecturaux, il se crée des clairs-obscurs qu'il sera intéressant d'exploiter dans la décoration.

Das Ausnutzen der Hell-Dunkel-Effekte, die bei Auftreffen des Lichtes auf die Architektur entstehen, ist eine wichtige Alternative im Bereich der Dekoration.

Advances in technology have made it possible to incorporate huge glass windows into buildings, including floor to ceiling windows, and make the most of their transparency to allow daylight to pour into the interior, as well as create continuity with the view outside. Light entering living rooms must also be used esthetically to create reflections, glimmers, glazes, light and dark tones and plays centered on the different qualities and tones obtained during the course of the day.

Gracias a los avances tecnológicos, en la actualidad es posible integrar a la arquitectura enormes ventanales de vidrio, incluso de piso a techo, y aprovechar su transparencia para dejar que la luz natural se interne en el espacio, así como crear una continuidad que permita totalizar las visuales con el paisaje exterior. Específicamente la luz que penetra en salas y espacios de estar debe ser también explotada estéticamente para conseguir reflejos, destellos, veladuras, claroscuros y jugar con sus distintas calidades y tonalidades a lo largo del día.

Grâce aux progrès de la technologie, il est à présent possible d'intégrer d'immenses baies vitrées allant du sol au plafond à l'architecture des bâtiments et d'exploiter la transparence ainsi créée pour laisser entrer la lumière naturelle et créer une impression de continuité entre l'extérieur et l'intérieur. La décoration doit exploiter esthétiquement les différentes qualités et tonalités de la lumière qui pénètre dans les salons et les pièces à vivre pour créer des reflets, des éclats, des effets de voile et des clairs-obscurs.

Dank der technischen Fortschritte können heute in die Architektur enorme Glasfenster integriert werden, und dies sogar vom Boden bis zur Decke. Dabei kann die Durchsichtigkeit dazu genutzt werden, dass natürliches Licht den Raum erhellt. Ferner kann eine Kontinuität erzielt werden, die es möglich macht die Innenansicht mit der Landschaft im Äusseren zu verschmelzen. Besonders das Licht, das in Wohnzimmer und Wohnräume scheint ist auf ästhetische Weise zu nutzen, um Reflexe, Schimmer, Hell-Dunkel-Effekte und Glanz zu erzeugen. Es kann mit den verschiedenen Qaulitäten und Farbtönen gespielt werden, die im Tagesverlauf zu sehen sind.

Encouraging the entry of light through transparent objects, curtains, light-scattering screens, Venetian blinds, beams, among other things, highlights the different qualities of the light and brings together its effects, tones and temperature to create a play in which the light itself decides which route to take.

Estimular entradas de luz en donde a través de transparencias, cortinas, pantallas difusas, persianas, vigas, entre otros elementos, se resalten las distintas calidades de luz y se concatenen sus efectos, tonos y temperatura puede crear un juego en el que sea la iluminación la que insinúe la trayectoria.

Aménagez des entrées de lumière partout où grâce aux surfaces transparentes, aux rideaux, aux écrans, aux persiennes et aux poutres, les différentes qualités de lumière pourront être mises en valeur avec un enchaînement d'effets, de tonalités et de températures ; vous obtiendrez ainsi un jeu dans lequel l'éclairage suggèrera le trajet à suivre.

Der Einfall von Licht durch durchsichtiges Material, Gardinen, Schirme, Jalousien, Balken usw. hebt die verschiedenen Lichtqualitäten hervor. Die Effekte, Farbtöne und Temperaturen werden vermischt und das Licht spielt dabei die Hauptrolle.

Domes, skylights and large windows are architectural items that allow for generous helpings of daylight, which makes them ideal for areas of transit, such as stairs, passages and corridors where good visibility is required. Their components create plays of light and shade with a high plastic quality.

Domos, tragaluces y ventanales son elementos arquitectónicos que proveen de generosas entradas de luz natural, por lo que son óptimos en espacios de circulación como escaleras, pasillos y distribuidores que requieren de visibilidad. Sus componentes crean juegos de luz y sombra de alta calidad plástica.

Dômes, puits de lumière et baies vitrées sont des éléments architecturaux qui permettent à la lumière naturelle de pénétrer généreusement à l'intérieur ; ils sont donc parfaits pour équiper escaliers, couloirs et corridors où il est essentiel d'y voir clair. Leurs éléments peuvent créer d'étonnants effets de lumière et d'ombre.

Oberlichter, Dachfenster und grosse Fenster sind architektonisches Elemente, die das natürliche Licht reichlich eindringen lassen. Daher sind sie optimal in Räumen mit viel Durchlauf, wie Treppen, Gängen und Fluren, in denen die Sichtverhältnisse wichtig sind. Die Komponenten schaffen Licht-Schatten-Effekte von grosser plastischer Qualität.

The last light of the day from the west enters the space at a flat angle, caressing the surface of objects, revealing the warmth of their tones and highlighting their textures.

Cuando la luz natural del atardecer proviene del poniente penetra al espacio de forma angular y rasante, acariciando la superficie de los objetos, revelando calidez en su tonalidad y resaltando su textura.

La lumière du coucher de soleil provenant de l'ouest pénètre dans l'espace de façon angulaire et rasante ; elle caresse la surface des objets en révélant leurs textures et leurs couleurs chatoyantes.

Wenn das natürliche Licht der Abenddämmerung von Westen kommt, wird der Raum rasant in Winkelform durchdrungen. Die Oberflächen der Objekte werden gestreichelt, die Farbtöne sehen warm aus und ihre Struktur wird hervorgehoben.

Color plays a vital role in lighting, and contact with light brings out its different tones.

El color es un componente esencial de la iluminación, su contacto con la luz hace que sobresalgan las tonalidades.

La couleur est une composante essentielle de l'éclairage ; son contact avec la lumière permet de mettre les tonalités en valeur.

Die Farbe ist eine wesentliche Komponente der Beleuchtung. Bei Kontakt mit dem Licht werden die Farbtöne hervorgehoben.

dining rooms comedores salles à manger esszimmer

indirect light
luz indirecta
éclairage indirect
indirekte beleuchtung

HANGING LIGHTS are functional and provide a touch of style to the dining room, along with indirect lighting in areas behind or next to it, to provide an attractive option for creating a pleasant ambience. However, the type of light used in both cases can completely transform the perception of the space, so choosing appropriate lighting is essential. One recommendable option is the use of warm or neutral tones to create a pleasant sensation and not distort the color of the food.

LAS LÁMPARAS COLGANTES son funcionales y proveen de un toque elegante al comedor, junto con la iluminación indirecta en zonas posteriores o laterales representan una atractiva elección para crear ambientes favorables. Sin embargo, el tipo de luminaria que se use en ambos casos puede llegar a cambiar completamente la percepción del espacio, por lo que elegir la luz adecuada es indispensable. Se recomienda utilizar tonos cálidos o neutros para dar una sensación grata y no distorsionar el color de los alimentos.

LES LUSTRES sont pratiques et apportent une touche d'élégance à une salle à manger ; en les complétant par un éclairage indirect provenant du fond de la pièce ou des côtés, vous obtiendrez une ambiance chaleureuse. Toutefois, comme le type de luminaire choisi tant pour la suspension que pour l'éclairage indirect peut changer du tout au tout la perception de l'espace, il est indispensable de bien réfléchir avant de faire son choix. Préférez les tons chauds qui respecteront l'aspect des aliments et plongeront la pièce dans une ambiance de plaisir.

HÄNGELAMPEN sind zweckmässig und verleihen dem Esszimmer einen eleganten Touch. Kombiniert mit indirekter Beleuchtung im hinteren Bereich oder an den Seiten, ist dies eine attraktive Alternative, die eine angenehme Atmosphäre schafft. Dennoch kann die Art von Beleuchtung in beiden Fällen vollständig die Wahrnehmung des Raumes verändern. Daher ist die Auswahl der richtigen Beleuchtung unerlässlich. Es ist empfehlenswert, warme oder neutrale Farbtöne zu wählen, um einen angenehmen Eindruck zu erwecken und nicht von den Farben der Nahrungsmittel abzulenken.

CANDELABRAS HANGING from the ceiling over the dining table must have bells or appendages to prevent dazzling. These will also guarantee that the light has a mild and elegant effect. Different shaped bells may be used –round, oval, conical–; the direction of the beams of light will depend on their features, but the frame also plays a decisive role: if it is pointed downwards then all the light will be concentrated, but if it points in several different directions, the light will be scattered.

ES IMPORTANTE QUE LOS CANDILES SUSPENDIDOS del techo que cuelguen sobre la mesa del comedor tengan campanas o viseras para evitar el encandilamiento, éstas además provocan que la luz mantenga un efecto ligero y elegante. Las campanas pueden ser de diversas formas –redondas, abombadas, cónicas–; de sus características formales depende la dirección de los haces de luz; pero también el armazón juega un papel determinante, si éste es descendente en su totalidad la luz se concentra, pero si apunta a diversas direcciones hace que se difumine.

IL EST IMPORTANT QUE LE LUSTRE SUSPENDU au plafond au-dessus de la table de la salle à manger soit muni d'abat-jour ou de garde-vue afin que vos convives ne soient pas éblouis. De plus, les abat-jour adoucissent et embellissent la lumière. L'orientation des faisceaux lumineux dépendra de leur forme - arrondie, bombée, conique. L'ossature de l'abat-jour joue en elle-même un rôle déterminant ; une structure étroite et plongeante crée un faisceau lumineux concentré tandis qu'une structure évasée permet d'obtenir une lumière plus estompée.

ES IST WICHTIG, DASS DIE LEUCHTEN, die an der Decke aufgehängt sind und sich über dem Esstisch befinden, Abschirmungen aufweisen, damit sie nicht blenden. Ferner tragen diese Abschirmungen auch dazu bei, dass das Licht sanft und elegant aussieht. Die Lampenschirme können verschiedene Formen aufweisen und zum Beispiel rund, gewölbt oder kegelförmig sein. Von ihrer Form hängt die Richtung der Lichtstrahlen ab. Aber auch das Gestell spielt eine entscheidende Rolle: hängt es vollständig von oben herab, ist das Licht gebündelt, zielt es jedoch in verschiedene Richtungen, so streut sich das Licht.

One original way of creating a source of indirect light in a space shared by the living room and dining room, which can also have a very seductive quality, is by placing a sculptural folding screen with translucent surfaces there and lighting it from the inside so it maintains the uniformity of the light and its brilliance.

Una forma original de crear una fuente de luz indirecta en el espacio compartido por la sala y el comedor, que además puede resultar muy seductora, es colocar un biombo escultural cuyas superficies sean translúcidas y que al iluminarlo internamente mantenga la uniformidad de la luz y conserve su brillo.

Pour obtenir un éclairage indirect original et intéressant dans un salon/salle à manger, vous pouvez installer un paravent translucide éclairé de l'intérieur ; vous obtiendrez ainsi une lumière uniforme et resplandissante.

Eine originelle Art und Weise indirektes Licht zu erzeugen, das den gemeinsamen Bereich von Wohn- und Esszimmer erhellt und sehr verführerisch aussieht, ist das Anbringen eines formschönen Wandschirmes, dessen Oberfläche lichtdurchlässig ist. Bei Beleuchtung von innen wird ein Effekt von Gleichmässigkeit und Glanz erzielt.

decorative light
luz decorativa
éclairage décoratif
dekoratives licht

In addition to providing regular and even lighting, the traditional candelabras, which has arms hanging from the ceiling and goes in the center of the dining room, offers a whole range of decorative options thanks to the materials it is made from. If you prefer a more formal ambience, you can go for a candelabra made from glass or polished metal; if what you want is an informal look, then the best option is for it to have a rustic finish. If you opt for a modern feel, then the best choice would be aluminum or plastic.

Además de brindar una iluminación regular y homogénea, las tradicionales lámparas "araña" de brazos que se cuelgan del techo y se colocan en la parte central del comedor ofrecen numerosas posibilidades decorativas gracias a los materiales de los que están hechas. Si se desea un ambiente formal se puede optar por una "araña" de cristal o de algún metal pulido; si lo que se busca es un estilo informal es recomendable que tenga un acabado rústico; y si se opta por una atmósfera moderna lo mejor es que sea de aluminio o plástico.

Le lustre traditionnel suspendu au plafond au centre de la salle à manger produit un éclairage régulier et homogène ; en raison de la vaste gamme de formes et de matériaux, les lustres s'adaptent aux différents types de décoration et à tous les goûts. Si votre style est plutôt traditionnel, choisissez un lustre en cristal ou en métal poli. Si au contraire vous préférez les ambiances plus détendues, choisissez un style plus rustique et si vous êtes plutôt porté sur le contemporain, préférez un lustre en aluminium ou en plastique.

Ausser einer gleichmässigen und einheitlichen Beleuchtung bieten traditionelle Kronleuchter, die an der Decke in der Mitte des Esstisches hängen, viele Dekorationsmöglichkeiten, und dies nicht zuletzt aufgrund der Materialien aus denen sie gefertigt sind. Soll eine formelle Atmosphäre geschaffen werden, kann ein Kronleuchter aus Glas oder blankem Metall gewählt werden. Wird eine informelle Atmosphäre gewählt, empfiehlt sich ein rustikaler Stil. Soll eine moderne Atmosphäre geschaffen werden, wird am besten Aluminium oder Plastik verwendet.

A flying buttress fixed to walls will provide indirect light and decorate zones that would otherwise be empty. A series of them emitting warm light will create a theatrical and highly sophisticated effect.

Cuando en un comedor se instalan arbotantes sobre muros éstos proporcionan luz indirecta y funcionan para decorar zonas que de otra manera se encontrarían desocupadas. Colocar una serie de ellos que emitan luz cálida puede generar un efecto teatral y altamente sofisticado.

Vous pouvez habiller les murs de votre salle à manger à l'aide d'arcs-boutants fournissant un éclairage indirect. Placés en série, ils vous permettront d'obtenir un effet théâtral et très sophistiqué.

Wenn im Esszimmer Wandleuchten an den Mauern angebracht werden, wird indirektes Licht erzielt und es können Bereiche dekoriert werden, die auf andere Art und Weise nicht zu erreichen sind. Werden mehrere Wandleuchten nebeneinander angebracht, so kann das warme Licht einen theatralischen und höchst modernen Effekt erzeugen.

natural light luz natural lumière naturelle natürliches licht

THERE IS NO DOUBT THAT NATURAL LIGHT IS THE BEST LIGHT or that it provides the best source of illumination; however, it is also the most changeable form of light and the most difficult to model. Studying the behavior of natural light and its effect on a space at different times of the day helps if we want to make the most of the plasticity generated by its constant transformations in the ambience, as well as to decide whether we want to enhance or tone down some of its effects to achieve a comfortable setting.

ES VERDAD QUE LA MEJOR FUENTE DE LUZ ES LA NATURAL y que de ella emana el iluminante más perfecto, pero también el más cambiante y complicado de modelar. Estudiar el comportamiento de la luz natural y la forma en que interviene en un espacio a diversas horas del día ayuda a aprovechar la plasticidad que sus constantes cambios pueden generar en el ambiente, así como a definir si se acentúan o matizan algunos de los efectos que provoca, para lograr atmósferas cómodas y confortables.

IL EST VRAI QUE RIEN NE VAUT LA LUMIERE NATURELLE ; c'est elle qui fournit l'éclairage le plus parfait mais aussi le plus changeant et le plus difficile à modeler. Étudier le comportement de la lumière naturelle et la façon dont elle intervient sur un espace aux différentes heures de la journée permet de tirer parti des effets esthétiques que ses changements constants peuvent produire dans vos pièces et d'évaluer quels sont ceux qui doivent être accentués ou nuancés pour obtenir une ambiance confortable et agréable.

ES STIMMT, DASS DIE BESTE BELEUCHTUNG DAS natürliche licht ist und dass diese Lichtquelle das schönste Licht ausstrahlt. Es handelt sich aber auch um das wechselhafteste Licht, das schwer zu formen ist. Eine Analyse des natürlichen Lichtes und der Art und Weise, in der es einen Raum zu verschiedenen Tageszeiten erhellt, hilft die Aspekte zu nutzen, die die ständigen Veränderungen für die Atmosphäre des Raumes bedeuten können. Ferner kann auch entschieden werden, ob einige der Effekte verstärkt oder vermindert werden sollen, um eine bequeme und komfortable Atmosphäre zu schaffen.

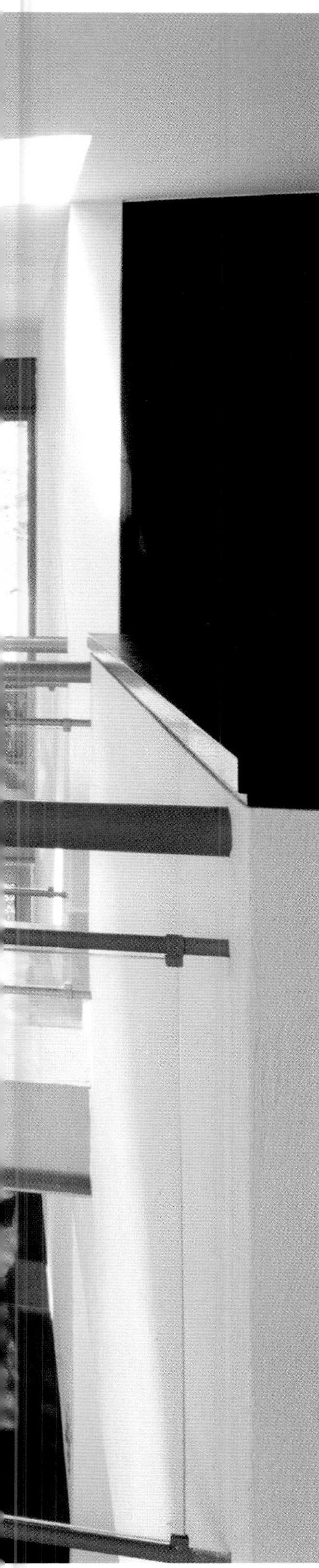

The effects of sunlight on a space depend on color. If we want a bright setting, then it should be dominated by the whiteness of the walls and light wooden tones of the furniture; but if we prefer the contrast between light and shade, then darker tones are preferable.

Los efectos de la luz solar sobre el espacio están relacionados con el color. Para un ambiente luminoso conviene que dominen los blancos sobre muros y las maderas claras en mobiliario; pero si se prefiere el contraste entre luz y sombra es mejor optar por tonos obscuros.

Les effets que la lumière du soleil produit dans un espace donné sont liés aux couleurs qui s'y trouvent. Si vous aimez la clarté, choisissez des tons blancs pour les murs et du bois clair pour les meubles. Si vous préférez les effets de contraste, préférez au contraire les tons plus foncés.

Die Auswirkungen des Sonnenlichtes auf einen Raum, stehen mit der Farbe im Zusammenhang. Für eine helle Atmosphäre ist es angebracht, dass die Mauern weiss und die Möbel aus hellem Holz sind. Wird allerdings ein Kontrast zwischen Licht und Schatten bevorzugt, sollten lieber dunkle Töne gewählt werden.

accentuating light
luz de acento
éclairage ponctuel
akzentlicht

A SOFFIT OR A FALSE SOFFIT can be very useful in a dining room, as it serves to define a lighting scheme based on embedded lights. These can be placed in keeping with the perimeter contours of the soffit or depending on the number of lights you want to have per diner. For a general lighting scheme, bulbs that provide scattered light are ideal, but if you want to highlight certain specific points, then concentrated lights are the best option.

UN PLAFÓN O UN FALSO PLAFÓN es muy útil en un comedor, pues sirve para resolver un diseño de iluminación sustentado en luminarias empotradas. Éstas se pueden colocar siguiendo el contorno del plafón perimetralmente o de acuerdo con el número de luces que se desee usar por cada determinado número de comensales. Si se quiere conseguir una iluminación general es preciso utilizar focos de luz difusa, pero si se busca resaltar ciertos puntos se debe recurrir a luces concentradas.

INSTALLER UN FAUX-PLAFOND dans une salle à manger permet de résoudre la question de l'éclairage à l'aide de spots encastrés qui peuvent être disposés tout autour du périmètre du faux-plafond. Vous pouvez aussi choisir le nombre et la disposition des spots en fonction du nombre de convives que vous pouvez accueillir. Pour obtenir un éclairage général, choisir des ampoules à lumière diffuse ; pour ne souligner que certains points dans l'espace, installer des spots à lumière concentrée.

EINE ZIMMERDECKE ODER EINE ABGEHÄNGTE DECKE ist im Esszimmer von grossem Nutzen, da so das Beleuchtungssystem auf der Basis von Einbauleuchten geplant werden kann. Die Lampen können gemäss der Form der Decke an den Rändern angebracht werden oder in Übereinstimmung mit der Anzahl der Leuchten, die je Sitzplatz gewünscht werden. Wenn eine allgemeine Beleuchtung geplant wird, können Glühlampen mit weitläufigem Licht gewählt werden. Sollen allerdings bestimmte Punkte hervorgehoben werden, ist gebündeltes Licht angebracht.

Accentuating light on the walls at the back or on the sides of the dining room provided by embedded lights that project light upwards or downwards helps highlight the wall, thereby affording it an ornamental role. If this option is combined with the general lighting of the room, there are possibilities for interesting contrasting plays and very attractive ambiences. You can use embedded lamps with concentrated or scattered light; in either case, these lamps can be arranged in a row.

La iluminación de acento que se coloca en los muros traseros o laterales del comedor a través de luminarias empotradas que proyectan la luz de manera ascendente o descendente permite que se destaque el muro, convirtiéndolo en un elemento ornamental. Cuando esta opción es combinada con la iluminación general del espacio se crean juegos de contraste interesantes y ambientes muy atractivos. Es factible recurrir a empotrados lámparas con luz concentrada o bien con luz difusa; en cualquiera de los casos se les puede colocar en hilera.

Vous pouvez installer des spots encastrés sur les murs latéraux ou sur le mur du fond de la salle à manger pour créer un éclairage ponctuel. Ascendants ou en contre-plongée, ces faisceaux lumineux donneront plus de présence à vos murs et les transformeront en éléments décoratifs. Ajouté à l'éclairage général de la pièce, l'éclairage ponctuel permet de créer des contrastes intéressants et une atmosphère très originale. Selon l'effet recherché, vous pouvez installer soit quelques spots, soit des rangées de spots encastrés et choisir une lumière diffuse ou une lumière concentrée.

Akzentbeleuchtung, die an den hinteren oder seitlichen Mauern des Esszimmers durch Einbauleuchten erzielt wird, die das Licht in auf- oder absteigender Art und Weise abgeben, macht es möglich, dass die Wand hervorgehoben wird und sich so in ein Dekorationselement verwandelt. Wenn diese Alternative mit der allgemeinen Beleuchtung des Raumes in Einklang gebracht wird, enstehen interessante Kontraste, die die Atmosphäre sehr attraktiv machen. Es können Einbauleuchten mit konzentriertem oder gestreutem Licht verwendet werden. In jedem Fall können die Leuchten in einer Reihe angebracht werden.

bathrooms
baños
salles de bains
badezimmer

natural light
luz natural
lumière naturelle
natürliches licht

GIVEN THE UNIFORM QUALITY OF SUNLIGHT, it is a good idea to make the most of it in the bathroom for as long as possible. The easiest way to harness it is through windows or domes, which provide the additional bonus of ventilation. A key factor in the perception of light is the color of the walls, ceilings and floors, as luminosity will depend on the wavelength of the light reflected by the colors present.

DADO QUE LA LUZ SOLAR posee una calidad uniforme conviene aprovecharla en las áreas de los baños el mayor tiempo posible. La manera más sencilla de captarla es a través de ventanas o domos, elementos que también permiten la ventilación del espacio. Un factor que es determinante en la percepción de la luz en el espacio es el color de las superficies de los muros, techos y pisos, pues la luminosidad depende de las longitudes de onda de la luz incidente reflejadas por los pigmentos de color.

COMME LA LUMIERE DU SOLEIL se diffuse de façon uniforme, elle convient parfaitement à l'éclairage des salles de bains. La meilleure solution est de poser des fenêtres ou des puits de lumière qui ont en outre l'avantage d'assurer une bonne aération de l'espace. La couleur des murs, des plafonds, des sols et des surfaces jouera un rôle déterminant dans la perception de l'espace ; en effet, la luminosité dépend des longueurs d'onde de la lumière incidente se reflétant sur les pigments.

DA DAS SONNENLICHT eine einheitliche Qualität aufweist, ist es angebracht, es im Bereich des Badezimmers so lange wie möglich zu nutzen. Die einfachste Art und Weise, das Sonnenlicht zu nutzen sind Fenster und Oberlichter, die auch gleichzeitig für Lüftung des Raumes sorgen. Ein entscheidender Faktor für die Wahrnehmung des Lichtes im Raum ist die Farbe der Oberflächen der Mauern, Decken und Böden, denn die Helligkeit hängt von der Länge der einfallenden Lichtwellen ab, die durch die Farbpigmente reflektiert werden.

No color is more sensitive to light than white, given that it concentrates or synthesizes all the colors in itself. Its use on the bathroom walls and furniture will ensure luminosity in the area, which is especially important if the amount of light coming in from the outside is limited. If a white wall is illuminated directly, the light will bounce onto the other walls and the resulting brightness will be absolutely unbeatable.

El color blanco es el que mayor sensibilidad posee frente a la luz, pues concentra o sintetiza en sí mismo a todos los colores. Elegirlo para pintar las paredes del baño y para el color de los muebles implica garantizar la luminosidad del espacio, algo importante sobre todo si no se dispone de grandes entradas de luz del exterior. Cuando un muro blanco es alumbrado de forma directa rebota la luz sobre el resto de los muros, creando efectos de nitidez sin igual.

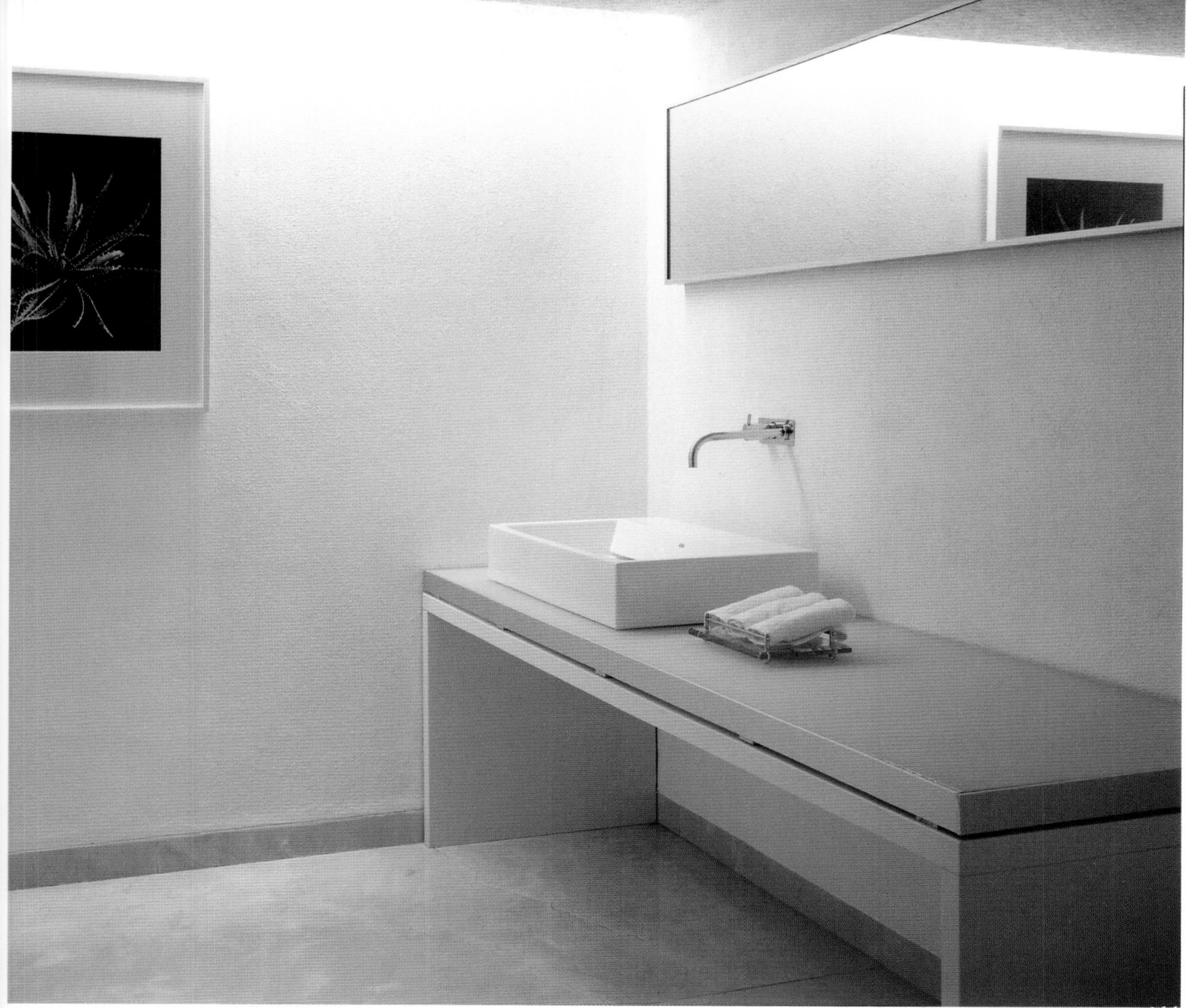

Le blanc est la couleur la plus sensible à la lumière car elle concentre ou synthétise toutes les couleurs. En choisissant le blanc pour les murs et les meubles de votre salle de bains, vous assurerez une certaine luminosité de l'espace ce qui peut être essentiel quand on ne dispose pas de grandes ouvertures sur l'extérieur. La lumière directe frappant un mur blanc sera renvoyée dans toute la pièce et produira une clarté incomparable.

Weiss ist dijenige Farbe, die in Bezug auf Licht am sensibelsten reagiert, denn sie konzentriert oder synthetisiert alle Farben. Wird diese Farbe für die Wände und Möbel des Badezimmers gewählt, so ist die Helligkeit des Raumes garantiert. Dies ist besonders dann wichtig, wenn nicht über grosse Öffnungen zur Nutzung von Aussenlicht verfügt wird. Wenn eine weisse Mauer direkt beleuchtet wird, spiegelt sich das Licht auf den restlichen Mauern wider, wobei der Eindruck einer unvergleichlichen Reinheit entsteht.

indirect light
luz indirecta
éclairage indirect
indirekte beleuchtung

DECORATIVE LAMPS CAN BE USED in any area, including in the bathroom, as their purpose is to provide the exact amount of light to highlight an object. One original option that may be very appealing in terms of both its role as a lamp and as a cover, consists of covering one of the walls in a translucent stone-like material that is lit up from behind.

ES VÁLIDO UTILIZAR LÁMPARAS DECORATIVAS en cualquier espacio, incluso en el baño, pues su función es brindar la cantidad exacta de luz para hacer que algún objeto resalte. Una opción original que puede resultar muy atrayente, igual desde el punto de vista de su función como lámpara que como recubrimiento, consiste en forrar uno de los muros del baño con un material pétreo translúcido al cual se le ilumine desde la zona posterior.

L'ECLAIRAGE DECORATIF est utile dans toutes les pièces y compris la salle de bains ; sa fonction principale est d'apporter la quantité de lumière nécessaire à la mise en valeur d'un objet quelconque. Pour obtenir un effet aussi original que saisissant, vous pouvez garnir les murs de la salle de bains de plaques en matériau pierreux translucide éclairées de l'intérieur.

IN JEDEM BEREICH KANN DEKORATIVBELEUCHTUNG verwandt werden, sogar im Badezimmer, denn die Funktion von Dekorativbeleuchtung verwendet ist die Bereitstellung der genauen Menge an Licht, damit ein bestimmtes Objekt hervorgehoben wird. Eine originelle Möglichkeit, die sehr attraktiv wirken kann -sowohl im Hinblick auf die Leuchtfunktion als auch auf die reine Beschichtung- ist die Verkleidung einer der Badezimmerwände mit einem lichtdurchlässigen, steinartigen Material, das dann von hinten beleuchtet wird.

Any bathroom lighting scheme must ensure that the set of lights used creates an effect similar to that of daylight; this prevents color perception changes and creates a functional space. Fluorescent lights give off an intense white light, similar to daylight; a couple of these placed in the ceiling at a safe distance from the mirrors will cut down on reflections and provide the bathroom with shadow-free, uniform light.

En el proyecto de iluminación de un baño hay que intentar que el conjunto de luces conduzca a un efecto parecido al de la luz natural; con ello se evita la alteración en la percepción de los colores y se logra un espacio funcional. Las lámparas fluorescentes emiten una luz intensa, blanca y similar a la natural; un par de ellas colocadas en el techo y a una distancia prudente de los espejos ayudará a evitar reflejos y dotará al espacio de luz uniforme y sin sombras.

En ce qui concerne votre salle de bains, essayez de concevoir un éclairage dont l'ensemble produira un effet proche de celui de la lumière naturelle ; vous obtiendrez ainsi un espace fonctionnel et éviterez la distorsion des couleurs. Rappelons que les spots fluorescents émettent une lumière blanche intense, proche de la lumière naturelle. En plaçant deux lampes de ce type au plafond, à distance prudente des miroirs pour éviter les reflets, vous obtiendrez une lumière uniforme sans zones d'ombre.

Im Beleuchtungskonzept des Badezimmers muss versucht werden, dass das Zusammenspiel der Lichter einen Effekt zur Folge hat, der dem natürlichen Licht ähnelt. Auf diese Art und Weise wird eine Verfälschung der Wahrnehmung der Farben vermieden und es wird ein funktioneller Raum geschaffen. Leuchtstofflampen geben ein intensives, weisses Licht ab, das dem natürlichen Licht gleicht. Werden ein paar dieser Leuchten an der Decke und in einem angemessenen Abstand zu den Spiegeln angebracht, so werden Lichtreflexe vermieden. Der Raum wird einheitlich erhellt und es werden keine Schatten erzeugt.

For bathroom lighting, it is advisable to choose fluorescent light designs that provide suitable levels of lighting, generating less heat and lower energy bills than incandescent options. But for a more decorative effect, the best light comes from incandescent and halogen lamps.

Para la luz general del baño es aconsejable elegir diseños de luminarias fluorescentes que ofrecen de niveles de iluminación adecuados, con menos calor y menores gastos que las incandescentes. En tanto que para los detalles decorativos se sugieren combinar lámparas con luz incandescente y halógena.

Pour l'éclairage général de la salle de bains, il est recommandé de choisir des spots fluorescents qui fourniront un niveau de luminosité approprié tout en produisant moins de chaleur et en consommant moins d'électricité que les lampes incandescentes. Pour les détails décoratifs, nous vous conseillons de combiner lampes incandescentes et halogènes.

Für die allgemeine Beleuchtung im Bad ist es empfehlenswert Leuchtstofflampen zu verwenden, die eine angemessene Lichtintensität aufweisen, weniger Wärme abgeben und günstiger sind als herkömmliche Glühlampen. In Bezug auf die dekorativen Details, wird zu herkömmlichen Glühbirnen und Halogenleuchten geraten.

bedrooms
recámaras
chambres
schlafzimmer

indirect light
luz indirecta
éclairage indirect
indirekte beleuchtung

THE BEDROOM is an intimate space that must be conducive for relaxation and wellbeing. In order to make it comfortable, the lighting must be flexible, functional and offer a range of possibilities. Lights embedded in niches in the walls, above the headboards, are a good source of indirect light and also play a decorative role. This decorative and practical contribution is enhanced by placing lamps on the bedside tables on either side of the bed. One or several switches can be used to control the level of light in different areas.

LA RECÁMARA es un espacio íntimo que debe invitar a la relajación y procurar el bienestar. Para que sea confortable se requiere que su iluminación sea flexible, funcional y ofrezca diversas posibilidades. Las luminarias que se instalan empotradas en nichos sobre los muros, encima de las cabeceras, proporcionan luz indirecta y sirven como motivos de ornato. El interés decorativo y práctico aumenta si se colocan lámparas a ambos lados sobre los buroes. Uno o varios interruptores permitirán controlar el nivel de luminosidad por zonas.

LA CHAMBRE A COUCHER est le lieu de l'intimité. Elle doit inviter à la détente et au bien-être. Pour plus de confort, choisir un éclairage pratique et adaptable. En encastrant des lampes dans des niches aménagées au-dessus de la tête de lit, vous obtiendrez un éclairage à la fois indirect et décoratif. Vous pouvez améliorer ces aspects en posant des lampes de chevet sur les tables de nuit. Pensez à installer des interrupteurs vous permettant de contrôler le niveau de luminosité à apporter à chaque zone de la chambre.

DAS SCHLAFZIMMER ist ein persönlicher Raum, der zum Entspannen und Wohlfühlen einladen soll. Um eine bequeme Atmosphäre zu schaffen, wird eine flexible und zweckmässige Beleuchtung benötigt, die verschiedene Möglichkeiten bietet. Einbauleuchten, die in Nischen über dem Kopfende des Bettes angebracht werden, liefern indirektes Licht und dienen auch zur Zierde. Dekorativer und praktischer sind Lampen, die an beiden Seiten auf den Nachttischen aufgestellt werden. Einer oder mehrere Schalter ermöglichen es, die Helligkeit in bestimmten Bereichen einzustellen.

Bright colors and materials on walls, curtains and furniture help reflect light and distribute it all around the bedroom, as well as create light and shade effects. White is particularly effective for accentuating these qualities when illuminated by incandescent or halogen lights.

Los colores y materiales claros en muros, cortinas y mobiliario apoyan la reflexión de la luz y su distribución por toda la habitación, así como la generación de claroscuros. En el blanco particularmente se acentúan estas propiedades al contacto con las luces incandescentes o halógenas.

En choisissant des couleurs claires pour vos murs, vos rideaux et vos meubles, vous permettrez à la lumière de se distribuer dans toute la pièce en créant des clairs-obscurs. Ces effets seront plus facilement obtenus dans une pièce à couleur dominante blanche, éclairée par des lampes incandescentes ou halogènes.

Helle Farben und Materialien der Wände, Gardinen und Möbel erleichtern die Widerspiegelung des Lichtes und dessen Verteilung im ganzen Raum. Ferner können Hell-Dunkel-Effekte geschaffen werden. Die Farbe weiss kommt besonders zur Geltung, wenn herkömmliche Glühlampen oder Halogenleuchten verwendet werden.

The best option for a lighting scheme in the bedroom involves combining lights, as this allows the space to be used in different ways. Lamps concealed in false soffits or embedded in molded frames provide indirect light that combines with concentrated lights from floor or table lamps, placed next to the reading place or bedside tables, to create a pleasant ambience. A candelabra hanging from the center of the ceiling or off-center is ideal for general lighting.

La alternativa más adecuada para el proyecto de iluminación de una habitación es la mezcla de luces, pues de este modo se puede usar el espacio de distintas formas. Las lámparas ocultas en falsos plafones o embutidas en bastidores moldurados proveen de luz indirecta, que complementada con la luz concentrada proveniente de lámparas de pie o de mesa y colocadas junto al lugar de lectura o a los buroes conforman una atmósfera adecuada. Un candil colgante centrado o descentrado es ideal para dotar de iluminación general.

Pour éclairer une chambre à coucher, le mieux est de mêler les différents types de lumière en fonction de l'usage que vous faites des différentes parties de la pièce. Des spots encastrés dans un faux-plafond ou dissimulés à l'intérieur d'une corniche fourniront une lumière indirecte qui viendra compléter la lumière plus concentrée des lampes de chevet des lampes de chevet ou des liseuses ; l'ensemble permet de créer l'ambiance idéale. L'éclairage général peut être créé par un lustre suspendu au centre ou dans un angle de la pièce.

Die angemessenste Alternative für das Beleuchtungskonzept eines Raumes ist eines Mischung von Lichtern, denn so kann der Raum auf verschiedene Art genutzt werden. Für eine angenehme Atmosphäre sorgen in abgehängte Decken eingelassene Leuchten oder in Gehäuse versenkte Lampen, die indirektes Licht liefern. Dies kann durch direktes Licht aus Steh- oder Tischlampen ergänzt werden, die sich in der Nähe von einem Leseplatz oder auf den Nachttischen befinden. Eine Hängelampe in der Mitte des Raumes oder an der Seite ist ideal, um dem Raum insgesamt zu erhellen.

IT SHOULD BE BORNE IN MIND that lighting and the resulting reflections will always have some effect on adjacent materials and surfaces. A solitary table lamp can bring out the grain of the wood of the furniture, the weave of tapestries and textiles, and the texture of wall finishes. Another option is to use the lamp itself as the centerpiece to soften the textures of its own screen and highlight the beauty of its reflections.

CONVIENE TENER EN CUENTA que la iluminación y sus reflejos tendrán siempre efectos sobre los materiales y las superficies a su alrededor. Una sola lámpara de mesa puede exaltar las betas de la madera de los muebles, las tramas de los tapices y textiles, y los acabados de los muros. Incluso, es factible que la misma lámpara se convierta en el objeto central del espacio y actúe como amortiguador de las texturas de su propia pantalla y acreciente su belleza con sus reflejos.

N'OUBLIEZ PAS que la lumière et ses reflets auront toujours des effets sur les matériaux et les surfaces d'une pièce. Une seule lampe de table peut suffire à mettre en valeur la moirure des meubles en bois, la texture des tapis, des tentures et des murs. Cette même lampe peut encore devenir le centre d'attention de la pièce ; son abat-jour lui permet d'amortir l'effet des textures et ses reflets d'en rehausser la beauté.

ES IST ANGEBRACHT IN BETRACHT ZU ZIEHEN, dass die Beleuchtung und deren Lichtreflexe immer Effekte auf den Materialien und Oberflächen der Umgebung hinterlassen. Eine einzige Tischlampe kann die Maserung des Holzes, die Struktur der Tapete oder Textilien sowie die Oberfläche der Wände hervorheben. Es ist sogar möglich, dass dieselbe Lampe sich in das zentrale Objekt des Raumes verwandelt, das als Puffer der Struktur des eigenen Lampenschirmes fungiert und durch die Lichreflexe noch schöner aussieht.

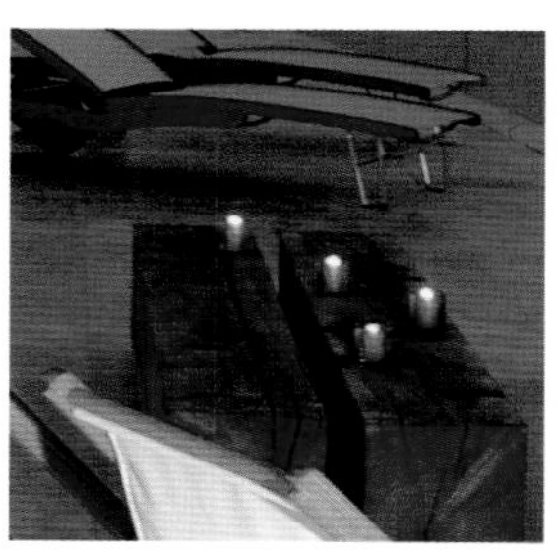

Light pouring out from between the gaps in a lamp made from tough natural fibers has a magical quality, as it conceals the direct beam while, at the same time, providing scattered and silhouetted light.

La luz que se cuela entre las rendijas de una lámpara tejida con fibras duras naturales resulta mágica, pues al tiempo que oculta el haz luminoso ofrece una luz difusa y silueteada.

Les abat-jour en fibres végétales rigides camouflent les faisceaux lumineux tout en laissant passer une lumière tamisée ; les ombres projetées sur les murs créent une ambiance féerique.

Das Licht, das durch die Ritzen einer aus harten Naturfasern gewebten Lampe scheint, ist magisch. So wird der Lichtsrahl verborgen und das Licht kommt gestreut und fein zur Geltung.

natural light
luz natural
lumière naturelle
natürliches licht

TO A LARGE EXTENT the lighting of a bedroom's architecture depends on the sensitivity with which light is used in the design of the room. Daylight, with the different qualities and tones it boasts during the course of the day, coming in from windows with or without curtains, helps create an ambience by specifying, highlighting and delimiting architectural bodies and accentuating the structural details in different ways.

EN BUENA MEDIDA el lucimiento de la arquitectura de una habitación se relaciona con la sensibilidad con la que se ha manejado la luz en el diseño del espacio. Las entradas de luz natural, con las distintas calidades y matices que presenta a lo largo del día, ya sea a través de ventanales con cortinas interpuestas o sin ellas, coopera a recrear el ambiente precisando, resaltando y delimitando los volúmenes arquitectónicos y acentuando los detalles constructivos cada vez de forma diferente.

LA BEAUTE DE L'ARCHITECTURE d'une pièce dépend pour bonne part de la sensibilité avec laquelle on aura abordé l'utilisation de la lumière dans la conception de l'espace. La lumière naturelle dont les nuances et la qualité varient tout au long de la journée, peut, en pénétrant par des baies vitrées munies ou non de rideaux, contribuer à une recréation de l'espace dont elle soulignera et délimitera les volumes architecturaux, en mettant certains détails en valeur d'une façon toujours différente.

DIE ART UND WEISE, wie die Architektur eines Raumes zur Geltung kommt, hängt im wesentlichen auch von der Sensibilität ab, mit der das Licht in das Design des Raumes einbezogen wurde. Der Einfall von natürlichem Licht durch Fenster mit oder ohne Gardinen, das im Tagesverlauf verschiedene Qualitäten und Abstufungen aufweist, hilft dabei eine Atmosphäre zu schaffen, die die Architektur verfeinert, hervorhebt und abgrenzt. Die baulichen Details werden auf verschiedene Weise betont.

4

The luminosity and brilliance of daylight can be reduced by stopping it from entering using a structural component to break up its uniformity. The effect of light and shade tones generated by leaving the blinds partly open is wonderful, and it also distributes light in a charming way.

La luminosidad y el brillo de la luz natural se reducen al interrumpir su entrada a través de un elemento arquitectónico que rompe con su uniformidad. El efecto de los claroscuros que se generan al dejar entreabiertas las persianas o puertas persianas es maravilloso, además de distribuir con gracia la iluminación.

La luminosité et la brillance de la lumière naturelle se réduisent quand celle-ci pénètre à travers un élément architectural qui en brise l'uniformité. En laissant les persiennes ou les volets entrouverts, on obtient un effet de clairs-obscurs merveilleux et une douce lumière tamisée.

Die Helligkeit und der Glanz von natürlichem Licht wird unterbrochen, wenn architektonische Elemente vorhanden sind, die den einneitlichen Einfall stören. Der Hell-Dunkel-Effekt von halboffenen Jalousien oder Fensterläden ist besonders reizvoll. Das Licht wird so mit Anmut gestreut.

terraces
terrazas
terrasses
terrassen

GOOD LIGHTING helps create an exceptional ambience for enjoying a terrace or garden at sunset and at night. Weather-resistant reflective lights, placed in fountains or pools, can be used to create a focal point that captures one's gaze and breaks the uniformity of the visual plane. The glimmers and sparkles also add a majestic touch.

UNA BUENA ILUMINACIÓN coopera a crear un ambiente de excepción para disfrutar de la terraza y el jardín al atardecer y por la noche. Crear un punto focal por medio de una luz reflectora resistente a la intemperie que se interne dentro de fuentes y espejos de agua obliga a dirigir la mirada hacia ella y a romper con la uniformidad visual. Los brillos y destellos generarán, además, un resultado teatral.

A L'AIDE D'UN ECLAIRAGE BIEN CONÇU, vous pourrez doter votre jardin ou votre terrasse d'une atmosphère unique dès la tombée du jour. En installant un projecteur résistant aux intempéries dans une fontaine ou un plan d'eau, vous créerez un centre d'attention qui focalisera les regards et se détachera dans l'uniformité visuelle de l'environnement. Les éclats de lumière et les reflets de l'eau vous donneront l'impression d'être dans un décor de théâtre.

decorative lighting
luz decorativa
éclairage décoratif
dekoratives licht

EINE GUTE BELEUCHTUNG trägt dazu bei, eine aussergewöhnliche Atmosphäre zu schaffen, bei der die Terrasse und der Garten besonders in der Abenddämmerung und in der Nacht genossen werden können. Das Schaffen eines zentralen Punktes durch einen Reflektor, der beständig gegen Umwelteinflüsse ist und in Brunnen oder Wasserspielen angebracht wird, zieht die Blicke auf sich und unterbricht so die visuelle Einheitlichkeit. Der Glanz und die Strahlen führen ausserdem zu einem theatralischen Ergebnis.

One good option is to light terraces with groups of lights flush with the ground or slightly above it, following the contour of certain objects such as pot plants. However, it is important to make sure that the sources of light do not pose any risks, by fitting them with suitable protective screens that also help spread the light out. Another option that can provide great versatility for the area is the use of candles inserted into the ground or torches that can easily be switched from one place to another.

Queda muy bien iluminar determinadas zonas de las terrazas con grupos de luces a ras de suelo o ligeramente elevadas de éste siguiendo el contorno de algunos elementos como es el caso de las macetas. Hay que cuidar, sin embargo, que estas fuentes de iluminación no representen riesgo dotándolas de pantallas protectoras adecuadas, que además ayuden a difuminar la luz. Otra alternativa que le puede dar gran versatilidad al área es utilizar velas, luminarias que se clavan en el suelo o antorchas que permitan cambiar fácilmente su ubicación.

Certains coins et éléments de la terrasse (grands pots de fleurs, par exemple) peuvent être éclairés par des sources de bornes ou de potelets disposés au ras du sol ou légèrement surélevés ; vous obtiendrez ainsi un éclairage du plus bel effet. Attention aux risques cependant : ces sources lumineuses doivent être protégées par un matériau solide qui fera office d'abat-jour et atténuera la luminosité. Pour accroître la versatilité de l'espace, éclairez-le à l'aide de bougies, de lampadaires ou de torches que vous pourrez déplacer à votre gré.

Sehr vorteilhaft ist die Beleuchtung von bestimmten Bereichen der Terrasse mit mehreren Lichtern, die glatt in den Boden eingelassen sind oder nur leicht hervorstehen und der Form von Elementen folgen, wie zum Beispiel um einen Blumentopf herum. Dabei ist darauf zu achten, dass die Lichterquellen kein Risiko darstellen und mit geeigneten Schutzabdeckungen versehen sind, die ausserdem dazu beitragen, dass das Licht gestreut wird. Eine weitere Alternative zur Dekoration der Terrasse sind Kerzen, die am Boden festgemacht werden oder Fackeln, deren Standort leicht verändert werden kann.

accentuating lighting
luz de acento
eclairage ponctuel
akzentlicht

SOME OBJECTS claim a singular role in a landscape, examples being sculptures, trees and bushes, which can be highlighted with reflectors. If they are arranged in series, the result is an interesting combination of colors and textures; and if the lighting is directed upwards, the visual appeal is even greater. When this type of lighting is accompanied by lights that outline the contours of the structures and bathe their profiles in light, the ambience generated will be both spectacular and cozy.

HAY ELEMENTOS que por su relevancia resultan singulares en el paisaje, es el caso de esculturas, árboles y arbustos a los que se les puede destacar con reflectores. Cuando estos últimos se colocan en serie se genera una mezcla de colores y texturas muy interesante; y si la iluminación es ascendente el atractivo visual es todavía mayor. Acompañar este tipo de iluminación con luces que bordeen el contorno de la arquitectura y bañen sus perfiles seguramente dará lugar a un espacio escenográfico y acogedor.

CERTAINS ELEMENTS se distinguent dans le paysage de par leur simple présence ; c'est le cas des sculptures, des arbres et des massifs dont la silhouette peut être mise en valeur à l'aide de projecteurs. Placés en série, ces derniers permettent de créer un fascinant mélange de couleurs et de textures. Pour un plus grand plaisir de l'œil, choisissez un éclairage en contre-plongée. Complétez cet éclairage par des spots installés sur le pourtour des bâtiments et des structures afin d'en rehausser la beauté et de créer un espace scénographique et chaleureux.

ES GIBT ELEMENTE, die aufgrund ihrer Relevanz einzigartig in der Landschaft sind, wie zum Beispiel Skulpturen, Bäume und Sträucher, die mit Reflektoren hervorgehoben werden. Wenn die Lichter in einer Reihe aufgestellt werden, wird eine Mischung aus Farben und Texturen erzielt, die sehr interessant aussieht; wenn die Beleuchtung von unten nach oben erfolgt, ist dies visuell noch attraktiver. Wird diese Art von Beleuchtung mit Lichtern ergänzt, die den Umriss der Architektur betonen und die Profile in Licht tauchen, so entsteht mit Sicherheit eine theatralische und freundliche Atmosphäre.

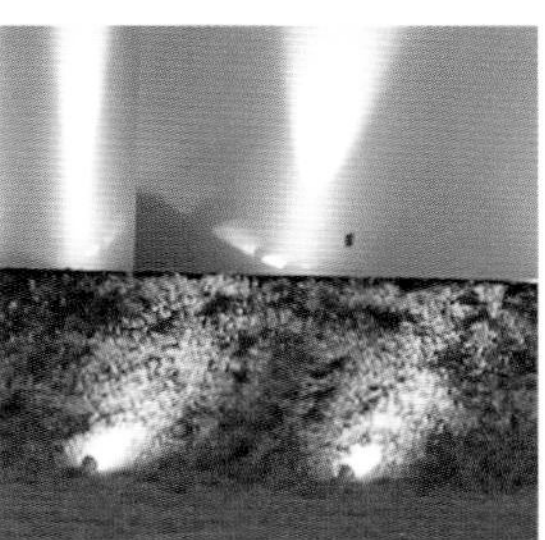

A BEAM OF WHITE LIGHT directed at architectural surfaces can be used to improve visibility; but the rebound effects on walls, ceilings or the ground create gleaming indirect light with magnificent decorative qualities. The way to achieve this is by using a reflector oriented so it hits a plane, from which the light reaches another, which it illuminates indirectly.

indirect light
luz indirecta
éclairage indirect
indirekte beleuchtung

UN HAZ DE LUZ BLANCA dirigido a las superficies arquitectónicas es utilizado para mejorar la visibilidad; pero sus efectos de rebote sobre muros, techos o piso crean además una secuela de luz indirecta resplandeciente que ofrece características decorativas soberbias. Comúnmente la manera de lograrlo es a través de un reflector que se orienta para que impacte un plano y desde allí llegue a otro, al cual ilumina de forma indirecta.

POUR AMELIORER LA VISIBILITE, vous pouvez employer un faisceau de lumière blanche orienté vers les surfaces architecturales. Les murs, les toits et les sols renverront la lumière et vous obtiendrez ainsi un éclairage indirect en séquence absolument superbe. La façon la plus commune d'obtenir ce type d'effet est de disposer un projecteur de façon à ce qu'il éclaire un plan qui renverra cette même lumière sur un autre plan.

EIN WEISSER LICHTSTRAHL, der auf die architektonischen Oberflächen gerichtet wird, verbessert die Sichtverhältnisse und ausserdem entstehen Lichteffekte auf den Mauern, Dächern und Böden. Diese sorgen für indirekte Beleuchtung, die herrliche, dekorative Eigenschaften aufweist. Normalerweise wird dies durch einen Reflektor erreicht, der auf eine glatte Oberfläche zielt und von dort widerspiegelt und indirektes Licht abgibt.

Some remarkable results can be obtained by using a source of light in a swimming pool or a pond, in which the light bounces off the surface of the water itself and expands. This type of lighting is scattered in every direction to create soft reflections and a seductive sparkling effect; if we add well-planned general and detailed lighting to this effect, we can achieve some truly scenic effects along with very specific highlighted points.

Un resultado particularmente llamativo es el que se logra con el alcance luminoso proveniente de la irradiación de una fuente de luz que se encuentra en una alberca o un espejo de agua, donde la luz rebota sobre la misma superficie acuosa y se expande. Este tipo de iluminación, al dispersarse en todas las direcciones, provoca reflejos muy suaves y brillos muy seductores; si a este efecto se le agrega una iluminación general y de detalle bien pensadas se puede llegar a conseguir efectos escenográfico y focos de atención muy puntuales.

On obtient un effet particulièrement saisissant en illuminant une piscine ou un plan d'eau. La lumière est renvoyée par la surface de l'eau et se répand aux alentours. En se dispersant dans toutes les directions, la lumière réjouit le regard par ses doux reflets et scintillements. pour obtenir un effet plus théâtral et mettre l'accent sur certains éléments, complétez cet effet par un éclairage général et ponctuel bien conçu.

Eine besonders auffällige Möglichkeit im Bereich der Beleuchtung ist die Strahlung einer Lichtquelle, die sich in einem Schwimmbad oder einem Wasserspiel befindet. Das Licht scheint von der Wasseroberfläche zurück und breitet sich dann aus. Diese Art von Beleuchtung verusacht durch die Streuung in alle Richtungen sehr sanfte Reflexe mit verführerischem Glanz. wird dieser Effekt durch eine allgemeine Beleuchtung ergänzt, die gut durchdachte Details aufweist, können szenische Effekte erzielt werden und die Aufmerksamkeit wird auf spezielle Punkte gelenkt.

natural light
luz natural
lumière naturelle
natürliches licht

IT IS A GOOD idea to make the most of the way vertical and horizontal architectural components respond to contact with light by making their planes reflect one on top of the other. The interplay of light and shade generated by this relationship in the course of the day can turn the place into a very dynamic space. If we add to this the positioning of the sun at different times of the year and if some of the architectural components can be moved, then we can create situations in constant evolution.

CONVIENE explotar la forma en la que los elementos verticales y horizontales de la arquitectura responden al contacto con la luz haciendo que sus planos se reflejen uno sobre otro. El juego de luz y sombra que se produce por esta relación a lo largo del día convierten al sitio en un espacio muy dinámico. Si a ello se le suma la colocación del sol en las distintas estaciones del año y algunos de los elementos de la arquitectura se hacen movibles, se puede crear situaciones en constante cambio.

IL FAUT SAVOIR tirer parti de la façon dont les éléments verticaux et horizontaux de l'architecture réagissent au contact de la lumière et des reflets qui peuvent être provoqués. Grâce aux jeux d'ombre et de lumière produits par la relation des différents éléments tout au long de la journée, le lieu devient un espace dynamique. Si en outre vous tenez compte de la position du soleil dans le ciel selon les saisons et que vous introduisez certains éléments mobiles, vous parviendrez à créer un espace en perpétuelle mutation.

ES IST ANGEBRACHT die Form auszunutzen, in der die senkrechten und waagerechten Elemente der Architektur auf den Kontakt mit dem Licht reagieren. Dabei sollte erreicht werden, dass die Schatten der glatten Oberflächen auf dem jeweils nächsten Element zu sehen sind. Das Licht- und Schattenspiel, dass aufgrund dieser Umstände im Verlauf des Tages erzielt wird, macht aus dem Raum einen sehr dynamischen Bereich. Wenn dann noch die Position der Sonne zu den verschiedenen Jahrezeiten in Betracht gezogen wird und einige der architektonischen Elemente dahingehend verstellbar sind, können Situationen geschaffen werden, die sich ständig verändern.

Some outdoor areas need shade or semi-shade, so the amount of light hitting them must be toned down and regulated. Rooftop gardens and beams enhance light and create light and shade tones to provide the area with shadows of different shapes and sizes. These options can be used to generate successions of light and shade, whose reflections on the walls, in turn, give rise to stunning visual sensations and effects, as one of the secrets is to draw attention away from the sun, which is the true source of light.

Algunas áreas exteriores necesitan sombra o semi-sombra, por lo que la incidencia de luz sobre ellas debe ser matizada y regulada. Las pérgolas y viguerías atenúan la luz y conforman claroscuros dotando al espacio de distintas calidades de sombras con diversos grosores y extensiones. Estas soluciones pueden ser aprovechadas para estimular sucesiones de luces y sombras, cuyos reflejos sobre los muros generen recorridos y sensaciones visuales asombrosas, ya que uno de sus secretos es que se distrae la atención de sol que es la verdadera fuente proveedora de luz.

Certaines zones extérieures se trouvent mieux dans la pénombre ou dans l'ombre ; il faut donc pouvoir contrôler et tamiser la lumière. En installant une pergola ou un solivage décoratif, vous parviendrez à atténuer la lumière et à créer des clairs-obscurs ; votre espace sera alors mis en valeur par des qualités d'ombre variées en épaisseur et en longueur. Pensez à ce type de solution pour créer une succession de lumière et d'ombre qui distraira le regard et produira tout au long du parcours des sensations visuelles étonnantes.

Einige Bereiche im Äusseren benötigen Schatten oder Halbschatten. Daher sind die Auswirkungen des Lichtes auf diese Flächen zu nuancieren und regulieren. Laubengänge und Balkenkonstruktionen schwächen das Licht ab und schaffen Hell-Dunkel-Effekte. Sie versehen den Bereich so mit verschiedenen Arten von Schatten mit unterschiedlichen Dicken und Ausmassen. Diese Lösungen können dazu genutzt werden, Lichter- und Schattenfolgen zu erzeugen, die sich auf den Mauern widerspiegeln und erstaunliche visuelle Effekte verursachen. Eines der Geheimnisse, ist die Ablenkung der Aufmerksamkeit von der Sonne, die die eigentliche Lichterquelle ist.

One of the best options for a terrace that offers some excellent design alternatives is the rooftop garden, whose timberwork, when penetrated by light, highlights shadows, as well as lengthening, extending, deepening or reducing them.

Entre las opciones más decorativas de una terraza y que mejores alternativas de diseño brindan al espacio se encuentran las pérgolas, cuyo armazón de madera al ser penetrado por la luz provoca que las sombras sobresalgan, se prolonguen, estrechen, ahonden o se disminuyan.

De par la variété des designs, les pergolas sont parfaites pour aménager une terrasse ensoleillée. La lumière traverse la structure en bois sous laquelle les ombres apparaissent, s'allongent, rapetissent, s'approfondissent ou se réduisent.

Unter den dekorativsten Alternativen für eine Terrasse und die beste Möglichkeit für deren Design, befinden sich Laubengänge, dessen Holzrahmen bei Durchscheinen des Lichtes Schatten abgibt, die sich verlängern, verengen, vertiefen oder verringern.

The effects of daylight can be truly majestic if it is made to pass through a latticework of beams and pour onto the wall's textures.

Los efectos de la luz natural pueden ser magistrales al hacer que traspase una cuadrícula de vigas y se deslice sobre las texturas de los muros.

La lumière produit un effet absolument saisissant quand elle traverse un treillis de poutres pour aller ensuite s'étaler sur les murs.

Die Effekte des natürlichen Lichtes können grossartig sein, wenn es einen Bereich mit Balken durchscheint und über die Struktur der Mauern gleitet.

The silhouette obtained when sunlight illuminates and passes through areas with latticework, blinds, rooftop garden handrails and mullions reflecting their solid parts on floors, walls or furniture creates a light-shade contrast and makes shapes and textures stand out.

El silueteado que se consigue cuando los rayos del sol iluminan y traspasan las zonas enrejilladas, persianas, barandillas de pérgolas, partesoles y vigas y las partes sólidas de éstas se reflejan sobre pisos, muros o muebles genera un contraste lumínico y hace que las formas y textura sobresalgan.

Les rayons du soleil créent des ombres chinoises en passant au travers des treillis, des persiennes, des pergolas, des meneaux et des solivages ; l'ombre des parties solides des structures se projette sur les murs et provoque un effet de contraste qui permet de rehausser les formes et les textures.

Bei Durchscheinen der Sonnenstrahlen durch Bereiche mit Geflechten, Jalousien, Geländern von Laubengängen und Balken wird eine einzigartige Silhouette erzielt. Diese verursacht wiederum bestimmte Effekte auf dem Boden, den Mauern und Möbeln. Es wird ein Lichtkontrast geschaffen und Formen und Texturen werden hervorgehoben.

architectonic arquitectónicos architectoniques architektonische

3 DPGA, daniel pérez-gil
4 - 5 7XA ARQUITECTURA, carlos ortíz y ángel lópez
6 (left) PML ARQUITECTOS, pablo martínez lanz, (center) ezequiel farca, (right) DPGA, daniel pérez-gil
7 (left) DE YTURBE ARQUITECTOS, josé de yturbe b., josé de yturbe s. y andrés cajiga ramírez, (center left) DPGA, daniel pérez-gil, (center right) GA, GRUPO ARQUITECTURA, daniel álvarez, (right) BH, BROISSIN Y HERNÁNDEZ DE LA GARZA, gerardo broissin y jorge hernández de la garza
8 RETO, rodrigo martínez benítez, gonzalo martínez c. y rodrigo martínez c.
9 GA, GRUPO ARQUITECTURA, daniel álvarez
10 (left) JBF ARQUITECTOS, josé luis barbará y josé fernández (right) SAMA ARQUITECTOS, rafael sama
11 (left) 7XA ARQUITECTURA, carlos ortíz y ángel lópez, (right) JBF ARQUITECTOS, josé luis barbará y josé fernández
14 - 15 PML ARQUITECTOS, pablo martínez lanz
17 (top) AGRAZ ARQUITECTOS, ricardo agraz, (bottom) juan carlos baumgartner
18 - 19 TARME, alex carranza valles y gerardo ruiz díaz
20 - 21 ABAX, fernando de haro, jesús fernández, omar fuentes y bertha figueroa
22 GA, GRUPO ARQUITECTURA, daniel álvarez
23 ABAX, fernando de haro, jesús fernández, omar fuentes y bertha figueroa
24 - 25 AGRAZ ARQUITECTOS, ricardo agraz
26 DPGA, daniel pérez-gil
27 (top) DPGA, daniel pérez-gil, (bottom) LARA + LARA ARQUITECTOS, víctor manuel lara m. y leonardo lara e.
28 (top) JBF ARQUITECTOS, josé luis barbará y josé fernández, (bottom) CC ARQUITECTOS S.A. DE C.V., manuel cervantes céspedes y santiago céspedes morera
29 ARTECK, francisco guzmán giraud
30 a 33 C'CÚBICA, emilio cabrero h., andrea cesarman k. y marco a. coello b.
34 ABAX, fernando de haro, jesús fernández, omar fuentes y bertha figueroa
35 oscar m. cadena
36 gilberto l. rodríguez
37 (right) FORMA ARQUITECTOS, eduardo ávalos, miguel de llano y josé segués
38 - 39 DPGA, daniel pérez-gil
39 (right) LARA + LARA ARQUITECTOS, víctor manuel lara m. y leonardo lara e.
40 (left) FORMA ARQUITECTOS, eduardo ávalos, miguel de llano y josé segués
41 ABAX, fernando de haro, jesús fernández, omar fuentes y bertha figueroa
42 JBF ARQUITECTOS, josé luis barbará y josé fernández
43 GRUPO LBC / CHK ARQUITECTOS, alfonso lópez baz y javier calleja / eduardo hernández
44 - 45 GA, GRUPO ARQUITECTURA, daniel álvarez
46 gerardo garcía l.
47 LARA + LARA ARQUITECTOS, víctor manuel lara m. y leonardo lara e.
48 a 51 BH, BROISSIN Y HERNÁNDEZ DE LA GARZA, gerardo broissin y jorge hernández de la garza
52 - 53 7XA ARQUITECTURA, carlos ortíz y ángel lópez
53 (right) sixto langarica d.
54 7XA ARQUITECTURA carlos ortíz y ángel lópez
55 GRUPO ARQEE, pedro escobar f.v., jorge escalante p. y jorge carral d.
56 - 57 GA, GRUPO ARQUITECTURA, daniel álvarez
58 - 59 ezequiel farca
60 GRUPO LBC / CHK ARQUITECTOS, alfonso lópez baz y javier calleja / eduardo hernández
62 - 63 (top) ARMELLA ARQUITECTOS, mario armella gullete y mario armella maza
62 - 63 (bottom) gilberto l. rodríguez
64 - 65 GUTIÉRREZ Y ALONSO ARQUITECTOS, ángel alonso chein y eduardo gutiérrez guzmán

66 - 67 MARTOR ARQUITECTOS, enrique martorell y juan ricardo torres-landa.
68 (left) ezequiel farca
68 - 69 DPGA, daniel pérez-gil
69 (right) DPGA, daniel pérez-gil
70 (bottom) enrique muller y pablo díaz conde
70 - 71 (top) AGRAZ ARQUITECTOS, ricardo agraz
71 (bottom) MATTHAI ARQUITECTOS, diego matthai
72 - 73 CASAS DE MÉXICO, álvaro gonzález guerra y juan carlos gómez c.
74 (top) MARQCÓ, mariángel álvarez c. y covadonga hernández g., (bottom left) TERRÉS, javier valenzuela g., fernando valenzuela g. y guillermo valenzuela g., (bottom right) SAMA ARQUITECTOS, rafael sama
75 (top left and bottom) MARQCÓ, mariángel álvarez c. y covadonga hernández g., (top right) URBANA, alejandro escudero
76 CASAS DE MÉXICO, álvaro gonzález guerra y juan carlos gómez c.
77 (right) MARQCÓ, mariángel álvarez c. y covadonga hernández g.
78 - 79 ABAX, fernando de haro, jesús fernández, omar fuentes y bertha figueroa
80 INTER-ARQ., david penjos smeke
81 ADI / ABAX, gina parlange pizarro, fernando de haro, jesús fernández, omar fuentes y betha figueroa
82 GA, GRUPO ARQUITECTURA, daniel álvarez
83 BECKER ARQUITECTOS, moisés becker
84 - 85 ezequiel farca
86 (left) PML ARQUITECTOS, pablo martínez lanz, (right) ARTECK, francisco guzmán giraud
87 (left) PML ARQUITECTOS, pablo martínez lanz, (right) ARTECK, francisco guzmán giraud
88 - 89 DPGA, daniel pérez-gil
90 (left) AGRAZ ARQUITECTOS, ricardo agraz
91 MARQCÓ, mariángel álvarez c. y covadonga hernández g.
92 - 93 GUTIÉRREZ Y ALONSO ARQUITECTOS, ángel alonso chein y eduardo gutiérrez guzmán
94 (left) BH, BROISSIN Y HERNÁNDEZ DE LA GARZA, gerardo broissin y jorge hernández de la garza, (right) gilberto l. rodríguez
95 gilberto l. rodríguez
96 - 97 C'CÚBICA, emilio cabrero h., andrea cesarman k. y marco a. coello b.
98 (top left) emilio cabrero h., andrea cesarman k. y marco a. coello b., (top center) ARMELLA ARQUITECTOS, mario armella gullete y mario armella maza, (top right and center) DPGA, daniel pérez-gil, (center left) FARRÉ ARQUITECTOS, antonio farré m., (center right) enrique muller y pablo díaz conde, (bottom left) TALLER TOUSSAINT Y ORENDAIN, enrique toussaint y emilia orendain, (bottom center) GRUPO LBC / CHK ARQUITECTOS, alfonso lópez baz y javier calleja / eduardo hernández, (bottom right) MARTOR ARQUITECTOS, enrique martorell y juan ricardo torres-landa
99 AGRAZ ARQUITECTOS, ricardo agraz
100 (top) ADI, gina parlange pizarro, (bottom) PAYEN ARQUITECTOS, jacques payen
101 MUSEOTEC, francisco lópez-guerra almada
103 SAMA ARQUITECTOS, rafael sama
104 GRUPO LBC / CHK ARQUITECTOS, alfonso lópez baz y javier calleja / eduardo hernández
106 (top) oscar m. cadena, (bottom) ARMELLA ARQUITECTOS, mario armella gullete y mario armella maza
107 (top) oscar m. cadena, (bottom) GRUPO ARQUITECTÓNICA, genaro nieto i.
108 (left) GRUPO LBC, alfonso lópez baz y javier calleja / alberto kalach

108 - 109 LASSO DE LA VEGA ARQUITECTOS, armando lasso de la vega
109 (right) GRUPO LBC, alfonso lópez baz, javier calleja y alberto kalach
110 - 111 gerardo garcía l.
112 GRUPO LBC, alfonso lópez baz y javier calleja / alejandro sánchez y josé luis quiroz
113 (left) TERRÉS / ARTECK, javier valenzuela g., fernando valenzuela g., guillermo valenzuela g / francisco guzmán giraud
114 - 115 DM ARQUITECTOS, javier duarte morales
116 (top left) CASAS DE MÉXICO, álvaro gonzález guerra y juan carlos gómez c., (top center) ARMELLA ARQUITECTOS / DUPUIS, mario armella gullete y mario armella maza / alejandra prieto de palacios y cecilia prieto de martínez g., (top right and center left) ARTECK, francisco guzmán giraud, (center) TARME, alex carranza valles y gerardo ruiz díaz, (center right) 7XA ARQUITECTURA, carlos ortíz y ángel lópez, (bottom left) félix blanco m., (bottom center) gerardo garcía l., (bottom right) FARRÉ ARQUITECTOS, antonio farré m.
117 CC ARQUITECTOS S.A. DE C.V., manuel cervantes céspedes y santiago céspedes morera
118 GA, GRUPO ARQUITECTURA, daniel álvarez
119 A5 ARQUITECTURA, alejandro bernardi, gloria cortina, imanol legorreta, beatriz peschard y pablo sepúlveda
120 (top left and bottom) gilberto l. rodríguez, (top right) GA, GRUPO ARQUITECTURA, daniel álvarez
121 GA, GRUPO ARQUITECTURA, daniel álvarez
122 (left) gilberto l. rodríguez, (right) DDA DESPACHO DE ARQUITECTURA, andrés pastor, arturo mateos y omar rendón
123 CC ARQUITECTOS S.A. DE C.V., manuel cervantes céspedes y santiago céspedes morera
124 - 125 GA, GRUPO ARQUITECTURA, daniel álvarez
126 (top left) FORMA ARQUITECTOS, eduardo ávalos, miguel de llano y josé segués, (top right) ABAX, fernando de haro, jesús fernández, omar fuentes y bertha figueroa, (bottom left) LARA + LARA ARQUITECTOS, víctor manuel lara m. y leonardo lara e., (bottom right) DPGA, daniel pérez-gil
127 (top left) ABAX / ADI, fernando de haro, jesús fernández, omar fuentes y bertha figueroa / gina parlange pizarro, (top right) DDA DESPACHO DE ARQUITECTURA, andrés pastor, arturo mateos y omar rendón, (bottom) ABAX, fernando de haro, jesús fernández, omar fuentes y bertha figueroa
128 - 129 MARQCÓ, mariángel álvarez c. y covadonga hernández g.
130 - 131 ezequiel farca
132 - 133 DE YTURBE ARQUITECTOS, josé de yturbe b., josé de yturbe s. y andrés cajiga ramírez
134 - 135 DPGA, daniel pérez-gil
136 (top left) ADI / ABAX, gina parlange pizarro / fernando de haro, jesús fernández, omar fuentes y bertha figueroa
138 - 139 MARTOR ARQUITECTOS, enrique martorell y juan ricardo torres-landa
140 (left) gerardo garcía l.
141 GA, GRUPO ARQUITECTURA, daniel álvarez
142 ALCOCER ARQUITECTOS, guillermo alcocer
143 MARQCÓ, mariángel álvarez c. y covadonga hernández g.
145 C-CHIC, olga mussali h. y sara mizrahi e.
146 BCO ARQUITECTOS, david gonzález blanco
147 (top) FORMA ARQUITECTOS, eduardo ávalos, miguel de llano y josé segués, (bottom) C-CHIC, olga mussali h. y sara mizrahi e.
148 (left) NOGAL ARQUITECTOS, josé m. nogal moragues
148 - 149 URBANA, alejandro escudero

150 - 151 ADI, gina parlange pizarro
152 ARMELLA ARQUITECTOS, mario armella gullete y mario armella maza
153 C-CHIC, olga mussali h. y sara mizrahi e.
154 - 155 DUPUIS, alejandra prieto de palacios y cecilia prieto de martínez g.
156 - 157 ABAX / B+P, fernando de haro, jesús fernández, omar fuentes y bertha figueroa / alejandro bernardi gallo y beatriz peschard mijares
158 - 159 ADI, gina parlange pizarro
160 - 161 sixto langarica d.
162 juan carlos baumgartner
163 FARRÉ ARQUITECTOS, antonio farré m.
164 (top) ARMELLA ARQUITECTOS / DUPUIS, mario armella gullete y mario armella maza / alejandra prieto de palacios y cecilia prieto de martínez g., (bottom) DDA DESPACHO DE ARQUITECTURA, andrés pastor, arturo mateos y omar rendón
165 CC ARQUITECTOS S.A. DE C.V., manuel cervantes céspedes y santiago céspedes morera
166 - 167 ezequiel farca
168 - 169 DM ARQUITECTOS, javier duarte morales
170 ezequiel farca
171 GRUPO LBC, alfonso lópez baz y javier calleja / antonio artigas
172 DUPUIS, alejandra prieto de palacios y cecilia prieto de martínez g.
173 MARQCÓ, mariángel álvarez c. y covadonga hernández g.
174 sixto langarica d.
176 GUTIÉRREZ Y ALONSO ARQUITECTOS, ángel alonso chein y eduardo gutiérrez guzmán
177 FARRÉ ARQUITECTOS, antonio farré m.
178 (left) INTER-ARQ, david penjos smeke
178 - 179 gerardo garcía l.
179 (right) INTER-ARQ, david penjos smeke
180 - 181 gerardo garcía l.
182 - 183 SAMA ARQUITECTOS, rafael sama
184 - 185 DE YTURBE ARQUITECTOS, josé de yturbe b., josé de yturbe s. y andrés cajiga ramírez
186 ABAX, fernando de haro, jesús fernández, omar fuentes y bertha figueroa
188 GRUPO LBC, alfonso lópez baz y javier calleja / antonio artigas
189 JBF ARQUITECTOS, josé luis barbará y josé fernández
190 ABAX / B+P, fernando de haro, jesús fernández, omar fuentes y bertha figueroa / alejandro bernardi gallo y beatriz peschard mijares
192 - 193 EL TERCER MURO, ARQUITECTURA E INTERIORISMO S.A. DE C.V, enrique fuertes bojorges y jaime reyes mendiola
194 oscar m. cadena
195 gerardo garcía l.
196 (left) alejandro bernardi gallo y beatriz peschard mijares
197 CC ARQUITECTOS S.A. DE C.V., manuel cervantes céspedes y santiago céspedes morera
199 GA, GRUPO ARQUITECTURA, daniel álvarez,
200 - 201 LARA + LARA ARQUITECTOS, víctor manuel lara m. y leonardo lara e.
202 alejandro bernardi gallo y peatriz peschard mijares
203 ABAX /ADI, fernando de haro, jesús fernández, omar fuentes y bertha figueroa / gina parlange pizarro
204 CC ARQUITECTOS S.A. DE C.V., manuel cervantes céspedes y santiago céspedes morera
205 A5 ARQUITECTURA, alejandro bernardi, gloria cortina, imanol legorreta, beatriz peschard y pablo sepúlveda
206 BECKER ARQUITECTOS, moisés becker
207 (right) BCO ARQUITECTOS, david gonzález blanco

208 FORMA ARQUITECTOS, eduardo ávalos, miguel de llano y josé segués
209 ABAX / ADI, fernando de haro, jesús fernández, omar fuentes y bertha figueroa / gina parlange pizarro
210 - 211 DPGA, daniel pérez-gil
212 MARQCÓ, mariángel álvarez c. y covadonga hernández g.
214 BR ARQUITECTOS, jaime barba y gerardo ramírez.
215 GRUPO LBC, alfonso lópez baz y javier calleja / antonio artigas
216 - 217 BCO ARQUITECTOS, david gonzález blanco
218 MARTÍNEZ-SORDO, juan salvador martínez y luis martín sordo
219 PAYEN ARQUITECTOS, jacques payen
220 - 221 MARQCÓ, mariángel álvarez c. y covadonga hernández g.
222 - 223 ezequiel farca y mauricio gómez de tuddo
225 LA CASA DISEÑO DE INTERIORES, jennie g. de ruiz galindo y alejandro fernández d.
226 ECLÉCTICA DISEÑO, mónica hernández sadurni
227 COVILHA, blanca gonzález de o., maribel gonzález de d. y claudia goudet de g.
229 (top) COVILHA, blanca gonzález de o., maribel gonzález de d. y claudia goudet de g, (bottom) C-CHIC, olga mussali h. y sara mizrahi e.
230 MARQCÓ, mariángel álvarez c. y covadonga hernández g.
231 FM ESTUDIO DE ARQUITECTURA, estéban medrano u. y guillermo fernández r.
232 - 233 C-CHIC, olga mussali h. y sara mizrahi e.
234 (top) ADI, gina parlange pizarro, (bottom) ABAX, fernando de haro, jesús fernández, omar fuentes y bertha figueroa
235 ZOZAYA ARQUITECTOS, enrique zozaya d.
236 - 237 GA, GRUPO ARQUITECTURA, daniel álvarez
238 AGRAZ ARQUITECTOS, ricardo agraz
239 DDA DESPACHO DE ARQUITECTURA, andrés pastor, arturo mateos y omar rendón
240 - 241 ECLÉCTICA DISEÑO, mónica hernández sadurni
242 - 243 DE YTURBE ARQUITECTOS, josé de yturbe b., josé de yturbe s. y andrés cajiga ramírez
245 (top) gerardo garcía l., (bottom) ARTECK, francisco guzmán giraud
246 - 247 DE YTURBE ARQUITECTOS, josé de yturbe b., josé de yturbe s. y andrés cajiga ramírez
248 - 249 DPGA, daniel pérez-gil
250 - 251 GRUPO LBC, alfonso lópez baz y javier calleja / antonio artigas
252 - 253 ALCOCER ARQUITECTOS, guillermo alcocer
254 GRUPO DIARQ, gina diez barroso de franklin
255 GRUPO ARQUITECTONICA, genaro nieto i.
256 sixto langarica d.
258 - 259 FM ESTUDIO DE ARQUITECTURA, estéban medrano u. y guillermo fernández r.
260 - 261 GRUPO LBC, alfonso lópez baz y javier calleja / antonio artigas
262 - 263 DE YTURBE ARQUITECTOS, josé de yturbe b., josé de yturbe s. y andrés cajiga ramírez
264 (top left) oscar m. cadena, (top right) JBF ARQUITECTOS, josé luis barbará y josé fernández, (bottom left) GA, GRUPO ARQUITECTURA, daniel álvarez, (bottom right) ARTECK, francisco guzmán giraud
265 (top left) JBF ARQUITECTOS, josé luis barbará y josé fernández, (top right) FORMA ARQUITECTOS, eduardo ávalos, miguel de llano y josé segués, (bottom) AGRAZ ARQUITECTOS, ricardo agraz.

photographic fotográficos photographiques fotografische

alberto moreno - pgs. 7 (center right), 62-63 (top), 64-65, 92-93, 98 (top center), 106 (bottom), 114 - 115, 152, 168 - 169, 176, 236-237.
alejandro rodríguez - pgs. 62-63 (bottom), 120 (top left).
alfonso de bejar - pgs. 81, 100 (top), 127 (top left), 136, 142, 150-151, 158-159, 203, 209, 226, 234 (top), 240-241, 252-253.
andrés cortina - pg. 225.
arturo zavala haag - pgs. 119, 205, 243 (bottom).
carlos madrid - pg. 218.
carlos tardán - pgs. 36-37, 122 (left).
christian besson - pg. 71 (bottom).
debora fossas - pgs. 66-67 (bottom), 98 (bottom right), 138-139.
federico de jesús - pgs. 37 (right), 126 (top left), 147 (top), 208, 265 (top right).
fernando cordero - pgs. 7 (left). 83, 132-133, 184-185, 206, 242 (bottom), 242-243 (top), 246-247, 262 - 263.
gerardo gonzález vargas - pgs. 108-109.
guidini- pgs. 53 (right), 160-161, 174, 256.
héctor armando herrera - pgs. 3, 6 (right), 7 (center left), 26, 27 (top), 38 - 39, 68-69, 69 (right), 88-89, 98 (top right), 98 (center), 126 (bottom right), 134-135, 210-211, 248-249.
héctor velasco facio - pgs. 18-19, 20-21, 21 (top), 23, 28-29, 34 - 35, 40-41, 74 (top), 75, 77 (left), 78-79, 86 (right), 87 (right), 90-91, 106 (top left and right), 107, 108 (left), 109 (right), 110 a 113 (right), 116 (top right, center left and center), 126 (top right), 127 (bottom), 128-129, 143, 148-149 (center and right), 156-157, 171, 173, 186, 188, 190-191, 194, 196 (left), 202, 212, 215, 220-221, 227, 229 (top), 230, 245 (bottom), 250-251, 254-255, 260-261, 264 (top left and bottom right).
ignacio urquiza - pgs. 10 (left), 11 (right), 28 (top), 42, 116 (top center), 154-155, 164 (top), 172, 189, 264 (top right), 265 (top left).
jasmín wald - pgs. 122 (right), 239.
joaquín cabeza - pgs. 192-193.
jordi farré - pgs. 8, 46-47, 55, 74 (bottom left) 98 (center left), 99, 116 (bottom center and bottom right), 124-125, 140, 163, 177, 178 - 179, 180 - 181, 195, 245 (top).
jorge rodríguez almanza - pgs. 6 (left), 10 (right), 14-15, 74 (bottom right), 86 (left), 87 (left), 103, 182-183.
jorge taboada- pgs. 94 (right), 95, 120 (bottom).
jose garcía cantú - pg. 116 (bottom left).
luis gordoa - pgs. 6 (center), 28 (bottom), 58-59, 100 (bottom), 117, 123, 127 (top right), 164 (bottom), 164-165, 197 (right), 204, 219.
maayan jinich - pgs. 80, 145, 147 (bottom), 153, 178 (left), 179 (right), 229 (bottom), 232-233.
mauricio avramow - pgs. 30 a 33, 96-97, 98 (top left).
michael calderwood - pgs. 70 (bottom), 98 (center right), 101, 234 (bottom), 235.
mito covarrubias - pgs. 17 (top), 24-25, 70 - 71, 72-73, 76-77, 90 (left), 98 (bottom left), 99, 116 (top left), 231, 238, 258-259, 265 (bottom).
pablo fernández del valle - pgs. 27 (bottom), 39 (right), 47, 126 (bottom left), 200-201.
paul czitrom - pgs. 7 (right), 9, 22, 43 a 45, 48-49, 50-51, 56-57, 68 (left), 82, 84-85, 94 (left), 118, 120,121, 124-125, 130-131, 140-141, 166-167, 170, 199 (top), 214, 222-223, 264 (bottom left).
pedro lujan - pgs. 146-147, 207 (right), 216-217.
ricardo kishner - pg. 113 (right)
santiago barreiro - pgs. 17 (bottom), 162.
sebastián saldivar - pgs. 60, 98 (bottom center), 104.
vicente san martín bautista - pgs. 4-5, 11 (left),52 (left) 52-53, 54, 116 (center right).
víctor benítez - pg. 148.

Se terminó de imprimir en el mes de Enero del 2007 en China. El cuidado de la edición estuvo a cargo de AM Editores S.A. de C.V.